Economia guiada por IA

Economia guiada por IA

CRIANDO VALOR COM INTELIGÊNCIA ARTIFICIAL SEM SUBSTITUIR OS HUMANOS

ALTA BOOKS
GRUPO EDITORIAL
Rio de Janeiro, 2025

Economia Guiada por IA

ISBN:978-85-508-2800-8

Impresso no Brasil — 1ª Edição, 2025 — Edição revisada conforme o Acordo Ortográfico da Língua Portuguesa de 2009.

Dados Internacionais de Catalogação na Publicação (CIP)

I12e
1.ed. Ibrahim, Eduardo
Economia guiada por IA : criando valor com inteligência artificial sem substituir os humanos / Eduardo Ibrahim. - 1. ed. - Rio de Janeiro : Alta Books, 2025.
304 p. ; 15,7 x 23 cm.

ISBN 978-85-508-2800-8

1. Inteligência Artificial. 2. Inteligência Combinada. 3. Valor Cognitivo Combinado. 4. Produto Interno Cognitivo (PIC). 5. Futuro do Trabalho. 6. Transformação. 7. Economia. I. Título.
CDD 006.3

Índice para catálogo sistemático:
1. Inteligência artificial aplicada à economia - 006.3

Grupo Editorial Alta Books

Produção Editorial: Grupo Editorial Alta Books
Diretor Editorial: Anderson Vieira
Editor da Obra: J. A. Ruggeri
Vendas Governamentais: Cristiane Mutüs
Gerência Comercial: Claudio Lima

Produtora Editorial: Ana Clara Tambasco
Revisão: Isabela Vanzin da Rocha
Diagramação: Paolla de Mello Furlan
Capa: Paolla de Mello Furlan

ALTA BOOKS
GRUPO EDITORIAL

Rua Viúva Cláudio, 291 — Bairro Industrial do Jacaré
CEP: 20.970-031 — Rio de Janeiro (RJ)
Tels.: (21) 3278-8069 / 3278-8419
www.altabooks.com.br — altabooks@altabooks.com.br
Ouvidoria: ouvidoria@altabooks.com.br

Editora **afiliada à:**
ASSOCIADO CBL Câmara Brasileira do Livro

Sumário

SUMÁRIO

Introdução

PARTE 01 • DIMENSÃO TECNOLÓGICA

1. Inteligência Combinada

2. Como a IA redesenha o trabalho

3. O erro sistêmico

PARTE 02 • DIMENSÃO ECONÔMICA

4. Valor Cognitivo Combinado

5. Como medir a cognição de uma organização

6. Diagnóstico estratégico da cognição nas empresas

PARTE 03 • DIMENSÃO ORGANIZACIONAL

7. Do organograma ao organismo

8. Evolução das organizações guiadas por IA

9. Inteligência Combinada no ambiente organizacional

PARTE 04 • DIMENSÃO HUMANA

10. Humanos insubstituíveis

11. Inteligência e consciência combinadas e ampliadas

12. Ser humano em uma Economia AI-driven

PARTE 05 • DIMENSÃO SOCIAL

13. Educação em IA com impacto em gerações

14. Democracia cognitiva e soberania simbólica

15. Sociedade aprendente e gestão pública guiada por IA

PARTE 06 • VISÃO DE FUTURO

16. Inteligência de máquina que nos torna mais humanos

17. A reconstrução do futuro com novas inteligências

Conclusão

Introdução

Introdução

Perdemos o monopólio da inteligência — e agora?

Durante milênios, pensar foi o que nos diferenciou. A capacidade de imaginar, analisar, decidir e aprender tornou-se nossa maior vantagem adaptativa e a base sobre a qual erguemos civilizações, mercados, tecnologias, culturas e sistemas políticos. A inteligência, em sua forma humana, foi o ativo mais valorizado da história. O que a natureza não nos deu em força ou velocidade, compensamos com estratégia, linguagem e abstração.

Mas esse tempo chegou ao fim.

Hoje, pela primeira vez, o ser humano já não é mais o único protagonista no campo da inteligência. Sistemas artificiais começam a superar a cognição humana em diversas tarefas centrais: planejamento, diagnóstico, análise de padrões, previsão de comportamento, tomada de decisão. A inteligência não é mais exclusivamente biológica. E, em vários domínios, ela já é superior à nossa.

Nos hospitais, algoritmos diagnosticam doenças com maior precisão do que médicos experientes. Nos centros financeiros, decisões bilionárias são tomadas por máquinas em microssegundos. Nas cidades inteligentes, fluxos de energia, transporte e segurança pública já são coordenados por sistemas que aprendem continuamente com os dados do ambiente. A IA não apenas auxilia — ela lidera. E faz isso com mais consistência, menos ego e maior capacidade de adaptação do que qualquer grupo humano conseguiria.

Isso não significa que estamos obsoletos. Mas significa que o centro de gravidade da inteligência se deslocou. A pergunta não é mais se a IA vai pensar como a gente. A pergunta é o que acontece quando ela começa a pensar melhor — e, sobretudo, quando o mundo passa a se organizar a partir das decisões que ela toma. Esse deslocamento abala as fundações de tudo o que chamávamos de valor.

Se o humano já não tem o monopólio da inteligência, o que justifica seu protagonismo nas decisões econômicas, sociais e políticas? O que justifica seu controle sobre sistemas que lidam com recursos, direitos, prioridades e futuros? Por que manter estruturas criadas em outro tempo — por uma inteligência limitada — quando outra, mais abrangente, começa a se mostrar capaz de resolver problemas que nós mesmos criamos e não conseguimos mais gerenciar?

Não é uma provocação retórica. É uma realidade que está diante dos nossos olhos.

Considere a logística global: a Amazon já opera centros inteiros com sistemas autônomos que organizam, preveem e otimizam fluxos de milhões de produtos sem intervenção humana. Na ciência, o AlphaFold resolveu um problema de décadas: prever estruturas de proteínas com altíssima precisão acelerando o desenvolvimento de medicamentos e revolucionando a biotecnologia. Em governos locais, como os de Cingapura ou Helsinque, sistemas baseados em IA já propõem planejamentos urbanos que maximizam recursos e reduzem desigualdades com mais eficácia do que qualquer secretaria ou gabinete.

Esses exemplos não são distantes. Eles indicam que já estamos utilizando, na prática, uma inteligência que opera com melhores resultados do que os nossos — e em escala. A grande questão é: vamos continuar agindo como se estivéssemos no controle, ou teremos coragem de repensar o lugar que ocupamos? Vamos sucumbir ao desconforto, ou corrigir as falhas que toleramos há séculos como decisões lentas, vieses emocionais, prioridades invertidas?

Talvez a IA não esteja aqui para nos substituir, mas para nos mostrar nossos limites e propor novos. Talvez ela nos obrigue a abandonar a ilusão de que racionalidade, lógica ou estratégia eram competências exclusivamente humanas — e que por séculos dividiram as teorias econômicas. Talvez, acima de tudo, ela nos convide a um novo papel: o de coautores de um sistema mais inteligente do que qualquer um que fomos capazes de construir sozinhos.

Essa possibilidade — a de que sistemas não-humanos possam nos ajudar a desenhar economias mais adaptativas, sustentáveis e justas — exige humildade. E exige também responsabilidade. Porque inteligência não basta. Sem propósito, sem valores humanos e sem direção, mesmo a mais avançada IA pode apenas automatizar os mesmos erros que nos trouxeram até aqui. Este livro nasceu para mostrar os novos caminhos.

Ele é um convite à revisão das nossas certezas econômicas, políticas e culturais. É um olhar para o fim da nossa arrogância cognitiva e a retomada da nossa humanidade. A IA pode ser o fim da velha economia — mas só se tivermos coragem de fazer dela o início de uma nova lógica de valor. Uma lógica que não esteja mais baseada apenas na escassez e no acúmulo, mas na inteligência adaptativa, na abundância coordenada e na reconstrução da dignidade humana dentro do sistema.

Se a IA for mesmo mais inteligente do que nós, o mínimo que podemos fazer é sermos mais humanos do que jamais fomos. Essa é, talvez, a única revolução que ainda nos cabe liderar.

A Economia Guiada por IA já começou

A economia nunca foi apenas sobre produção e consumo. Ela sempre refletiu a forma como sociedades organizam seu pensamento, suas decisões e seu poder de ação. Em diferentes épocas, esse pensamento coletivo se apoiou em ferramentas, linguagens, tecnologias e sistemas que ampliaram as capacidades humanas. Agora, uma nova transformação começa a se consolidar — não na superfície, mas no núcleo do que gera valor.

Em vez de simplesmente automatizar tarefas, as tecnologias atuais de IA começam a pensar. Processos que antes dependiam de análise humana passam a ser mediados por sistemas que aprendem, antecipam e propõem caminhos. São sistemas que participam da decisão — e não apenas executam. E com isso, o que se entende por economia começa a se reconfigurar profundamente. Uma nova lógica emerge: a da Economia Guiada por IA.

Ainda há uma desconexão entre o que a tecnologia é capaz de fazer e a forma como as organizações, os governos e as pessoas continuam pensando o trabalho, a produtividade e o próprio desenvolvimento econômico. A inteligência artificial avança rapidamente em precisão, velocidade e escala, mas os modelos mentais que orientam a tomada de decisão permanecem, em muitos casos, ancorados em estruturas obsoletas, processos fragmentados e lógicas de controle típicas de um mundo analógico.

Essa defasagem não é técnica — é cognitiva. Está na cultura das empresas, na forma como a inteligência circula (ou não circula), nas métricas ultrapassadas que ainda orientam investimentos e reconhecimentos. Está na hesitação diante do novo, no excesso de comitês para decisões que poderiam ser tomadas em ciclos de aprendizagem, na dificuldade de lidar com sistemas em constante mutação.

Esse é um momento histórico decisivo. Ele expressa uma reorganização real do valor econômico, impulsionada por uma infraestrutura de inteligência artificial distribuída. Em vez de apenas ferramentas digitais, estamos falando de sistemas cognitivos capazes de atuar em rede com os humanos — formando o que será explorado ao longo deste livro como inteligência combinada.

Essa inteligência não está localizada em uma única tecnologia, nem restrita a uma função. Ela aparece quando a capacidade humana de compreender o contexto, lidar com ambiguidade e tomar decisões com responsabilidade encontra a capacidade artificial de processar grandes volumes de dados, identificar padrões, oferecer alternativas e aprender com cada interação.

A interação entre esses dois tipos de cognição — humana e artificial — começa a moldar um novo ciclo econômico. E como todo novo ciclo, ele exige novas formas de medir, organizar e evoluir. O Produto Interno Bruto, que por tanto tempo orientou políticas e estratégias, torna-se insuficiente. Ele ainda é relevante, mas já não é capaz de captar o que mais impulsiona o desenvolvimento hoje: a inteligência artificial aplicada.

Para entender esse novo contexto, apresento o Produto Interno Cognitivo (PIC) — conceito que será aprofundado ao longo da obra. O PIC representa a soma das inteligências humanas e artificiais atuando de forma coordenada para gerar valor. Ele é uma nova forma de observar a riqueza, com foco na capacidade de pensar, adaptar, resolver e inovar. Podemos dizer que o PIC é o resultado da produção utilizando a inteligência combinada. Não à toa as potências mundiais investem alto em tecnologia e talentos que moldarão os próximos ciclos econômicos.

Contudo, o PIC não nasce de forma espontânea, nem decorre apenas da adoção de novas tecnologias. É necessário projetar ambientes que favoreçam essa interação entre cognições. Ambientes onde os dados tenham significado, onde os sistemas estejam conectados ao contexto, onde as decisões sejam compartilhadas entre humanos e máquinas com clareza ética e propósito definido.

Essa é a base da Economia Guiada por IA: não uma substituição da inteligência humana, mas uma ampliação. Uma nova infraestrutura em que o valor é gerado a partir do pensamento inteligente, democratizado pela IA — um pensamento que se distribui, se refina, se conecta — para construir novos futuros.

Nos próximos trechos, será possível entender como os fundamentos tecnológicos dessa economia cognitiva se articulam com mudanças econômicas, organizacionais, humanas e sociais. Cada parte do livro foi desenhada para revelar, com profundidade e aplicabilidade, os mecanismos dessa transformação — e o papel insubstituível dos humanos nela.

A atualização do sistema operacional da economia

A digitalização das últimas décadas conectou bilhões de pessoas, automatizou tarefas e multiplicou a velocidade com que dados são gerados. Mas algo mais profundo começou a acontecer. À medida que algoritmos passaram a identificar padrões, sugerir decisões e dialogar com os usuários, a infraestrutura tecnológica deixou de ser apenas operacional — e passou a se comportar como um ecossistema de aprendizado. Um novo tipo de inteligência emergiu: distribuída, conectada, adaptativa.

Essa nova infraestrutura que não apenas apoia o raciocínio humano — mas o estende. E é justamente dessa extensão que nasce o conceito de inteligência combinada, uma inteligência em rede, formada pela articulação contínua entre as capacidades humanas e as capacidades artificiais. Ela não replica a mente humana nem pretende substituí-la. Em vez disso, amplia o alcance da percepção, aprofunda a análise, sustenta decisões mais complexas e integra múltiplas fontes de informação em tempo real.

É essa inteligência combinada que começa a reorganizar silenciosamente os mecanismos econômicos, ao transformar como as organizações aprendem, inovam e tomam decisões. Em vez de operar por silos ou hierarquias rígidas, as instituições mais avançadas estão se tornando ambientes cognitivos, onde o fluxo de inteligência é tão vital quanto o fluxo de caixa.

Dentro dessas novas estruturas, surgem componentes fundamentais: os Cérebros Organizacionais. Eles não são máquinas nem departamentos. São sistemas vivos que integram dados, pessoas e algoritmos em ciclos contínuos de aprendizado. Ao centralizar e redistribuir inteligência de forma dinâmica, tornam-se responsáveis por capturar o melhor das experiências humanas e das capacidades da IA, transformando esse acúmulo em vantagem estratégica.

Por coincidência — ou não — o modelo Grok 3, desenvolvido pela xAI sob a liderança de Elon Musk, apresenta um modo avançado chamado Big Brain com 10 vezes o poder de seu antecessor, e desafia os principais modelos de IA, como GPT, Gemini e Claude. Ele é um modelo avançado projetado para operações analíticas complexas, codificação, matemática, interpretação de dados e inteligência empresarial.

Ao lado dos Cérebros Organizacionais, começam a operar os Cérebros Funcionais — inteligências artificiais especializadas em cada área ou função da organização. Cada um deles atua como uma extensão cognitiva humana, aprendendo com as ações, sugestões e decisões tomadas por profissionais ao longo do tempo — e transformada pela IA. Marketing, jurídico, operações, produto, recursos humanos: cada domínio pode contar com um cérebro funcional que aprende continuamente e contribui para decisões mais precisas, adaptadas ao contexto.

Essa nova configuração organizacional não exige um esforço técnico desproporcional. Ao contrário: ela alivia a sobrecarga cognitiva das equipes humanas, reduz redundâncias e organiza o conhecimento institucional em tempo real. Quando bem estruturados, os Cérebros Organizacionais e Funcionais se tornam guardiões da cultura, da memória e da inteligência coletiva da empresa — ampliando o desempenho individual e coletivo.

Muitas vezes, isso pode ser iniciado com algo tão direto quanto o uso de um assistente de IA treinado com os documentos e decisões da empresa, acessível por todos os times. O objetivo não é criar um "cérebro perfeito", mas sim um ponto de partida confiável para acelerar o raciocínio coletivo, com mais dados, capacidade de processamento e inteligência combinada.

Para observar o potencial de geração de riquezas de forma prática nesse novo cenário, é necessário medir o grau de maturidade cognitiva das organizações. É aí que entra o Índice de Cognição Corporativa (ICC) — uma ferramenta que permite diagnosticar o estado atual da cognição em uma organização, identificar bloqueios ao fluxo de conhecimento e orientar o desenvolvimento de estruturas inteligentes, ou seja, a cultura de aprendizado com IA.

Em um movimento que exemplifica a integração da IA na cultura organizacional, o CEO da Shopify, Tobi Lütke, declarou que "antes de solicitar novas contratações, as equipes devem demonstrar por que não podem realizar o trabalho utilizando IA". Essa política reflete a crescente expectativa de que a IA seja considerada uma ferramenta fundamental no aprendizado, na execução de tarefas e na tomada de decisões.

A Economia Guiada por IA, portanto, não se define apenas por automações e algoritmos. Ela se caracteriza pela capacidade de expandir e aplicar inteligências combinadas em larga escala. Em vez de centralizar o pensamento em poucos decisores ou perder inteligência em processos fragmentados, esse novo modelo organiza o saber como um ativo estratégico.

A inteligência combinada gera mais valor

Na maioria das organizações, os avanços da inteligência artificial chegam primeiro aos bastidores técnicos: automação de relatórios, análise de dados, personalização de campanhas. Mas algo mais significativo começa a se manifestar quando a IA deixa de ser uma camada invisível e passa a interagir diretamente com o raciocínio das equipes. Nesse momento, ela não apenas executa — ela contribui. Aprende com os humanos e devolve caminhos, alternativas, correlações. E, ao fazer isso, começa a participar da construção de valor de forma ativa.

É nesse ponto que se observa um deslocamento estrutural: o valor da economia passa a ser gerado cada vez menos pela execução repetitiva de tarefas e cada vez mais pela capacidade de aprender, interpretar, adaptar e combinar inteligências. A performance deixa de estar concentrada em indicadores de produção atuais e passa a incorporar dimensões como aprendizado contínuo, qualidade de decisão e impacto contextual.

Esse deslocamento está se tornando visível. Empresas que organizam seus fluxos de inteligência com apoio de IA estão ganhando mais agilidade, previsibilidade e precisão. Não apenas porque têm mais acesso a dados — mas porque conseguem dar significado a esses dados com mais velocidade. Isso acontece, por exemplo, quando um time de atendimento ao cliente é apoiado por um sistema que aprende com cada conversa e sugere abordagens baseadas no estilo do consumidor. Ou quando uma equipe de produto consegue analisar feedbacks em massa e gerar insights acionáveis sem depender de ciclos longos de pesquisa.

Esses são sinais de uma economia em que a inteligência combinada passa a ser o motor central das organizações. E isso abre espaço para uma nova forma de organizar o trabalho: com mais interação entre humanos e máquinas, mais fluidez no uso da inteligência e mais atenção ao valor criado por cada decisão. Não se trata de sofisticar demais os processos — ao contrário, trata-se de torná-los mais naturais, integrados e adaptáveis.

O que define essa transformação não é a tecnologia em si, mas a forma como ela é colocada em relação com o humano — seja um colaborador ou um consumidor. A IA pode acelerar diagnósticos, antecipar demandas, sugerir soluções — mas só entrega seu verdadeiro potencial quando entra em diálogo com o contexto, com a cultura e com o sentido que cada equipe atribui ao que está fazendo.

Esse diálogo se torna mais poderoso quando há estruturas cognitivas bem organizadas. Por isso, ao longo dos capítulos seguintes, serão apresentados modelos que permitem entender como esse diálogo pode ser cultivado: sistemas que aprendem com o trabalho real, que se conectam à memória viva das organizações e que devolvem inteligência combinada aplicável.

Um dos efeitos mais interessantes dessa integração é o surgimento de uma nova forma de mensurar desempenho: a performance cognitiva. Em vez de apenas medir esforço, mede-se a qualidade das decisões, a consistência dos aprendizados, a relevância dos resultados no tempo. A inteligência artificial permite esse tipo de análise — desde que esteja conectada não só a dados brutos, mas à realidade das dinâmicas humanas.

Quando isso acontece, as organizações ganham uma espécie de reflexo ampliado. Passam a ver melhor onde estão os gargalos, os padrões emergentes, os sinais fracos. E podem agir com mais precisão — não por intuição isolada, mas por aprendizado organizacional evolutivo. É aí que a inteligência combinada deixa de ser conceito e se torna prática diária.

Esse é o solo fértil onde o Produto Interno Cognitivo começa a se formar. Não como uma métrica abstrata, mas como resultado direto da inteligência incentivada em rede, aplicada à geração de valor real — seja em uma escola, em uma empresa, em uma cidade ou em toda uma nação.

Um novo vocabulário para uma nova realidade

O que estamos presenciando é a construção de uma nova infraestrutura — uma que não se baseia apenas em aço, silício ou cabos, mas em redes de cognição. Ela não se vê com facilidade. Mas sua presença é decisiva. Por trás dos avanços em produtividade, das respostas mais ágeis ao mercado e da personalização em escala, há algo comum: ambientes que aprenderam a pensar melhor em conjunto com a inteligência artificial.

Essa nova infraestrutura é o solo onde nasce a Economia Guiada por IA. E sua matéria-prima mais valiosa não é um ativo físico — é a capacidade de combinar inteligências distintas em processos que geram significado, adaptação e valor real. Essa nova estrutura que combina cérebros organizacionais e funcionais forma o que vamos chamar de Sistema Cognitivo Organizacional (SCO) — a espinha dorsal da inteligência combinada nas empresas.

A inteligência combinada, quando cultivada de forma contínua, passa a fazer parte do tecido estratégico da organização. Ela está nas rotinas que aprendem com cada interação. Nos sistemas que conectam decisões passadas com previsões futuras. Nas plataformas que distribuem conhecimento com fluidez. E, principalmente, nas pessoas que não apenas operam tecnologias, mas pensam com elas.

No mundo onde máquinas e humanos compartilham processos de raciocínio, surge então o Valor Cognitivo Combinado (V^{cc}). Ele representa o resultado produzido quando a inteligência artificial e a inteligência humana trabalham juntas. Quanto maior for essa combinação, maior será o valor criado — em termos de produtividade, relevância e capacidade de adaptação. O V^{cc} é, portanto, a métrica central da Economia Guiada por IA: um indicativo de quão bem estamos pensando juntos com as máquinas.

Inovar nesse contexto passa a ser o uso contínuo de ecossistemas inteligentes que evoluem com o uso. E isso vale para todos os setores: na educação, quando professores trabalham com IA para personalizar jornadas de aprendizado; na saúde, quando diagnósticos são construídos em parceria entre especialistas e algoritmos; no setor público, quando políticas se tornam iterativas, aprendendo com os dados sociais em tempo real.

O V^{cc} gerado não é facilmente mensurável pelas métricas tradicionais. Ele se manifesta em decisões mais acertadas, em respostas mais ágeis, em ciclos de aprendizado mais curtos, em relacionamentos mais significativos com clientes e comunidades. Por isso, novas formas de medir — como o PIC e o ICC — não são apenas indicadores técnicos, mas reflexos de uma nova lógica de desenvolvimento.

E essa lógica tem uma característica marcante: ela é distribuída. Não depende de um centro controlador, mas de múltiplos pontos de inteligência colaborando entre si. Esse é um dos aspectos mais transformadores da Economia Guiada por IA. Ao contrário de modelos anteriores, em que a inteligência ficava concentrada em especialistas ou departamentos, agora ele pode circular, se refinar e ser amplificado por meio da colaboração entre cérebros humanos e cérebros artificiais.

É nesse movimento que organizações inteiras podem começar a funcionar como sistemas cognitivos vivos — organismos que aprendem com o tempo, com o contexto e com suas próprias experiências. E que, por isso, ganham em adaptabilidade, coerência e impacto.

Esse livro foi desenhado para acompanhar essa transformação por dentro. Em vez de dividir tecnologia e sociedade, ou separar inovação de cultura, cada parte do livro explora uma dimensão interdependente desse novo momento de desenvolvimento econômico.

A Parte 1 se dedica à Dimensão Tecnológica: onde surgem as bases da inteligência combinada e como a infraestrutura cognitiva se forma. A Parte 2 avança para a Dimensão Econômica, explorando a criação de valor a partir da inteligência. Em seguida, a Parte 3 entra na Dimensão Organizacional, onde a estrutura do trabalho passa a operar em redes cognitivas e não mais em organogramas fixos.

A Parte 4 mergulha na Dimensão Humana: o que nos torna insubstituíveis, mesmo em um mundo que pensa com máquinas. A Parte 5 amplia o olhar para a Dimensão Social, com foco na educação, na cultura e na democracia cognitiva. Por fim, a Parte 6 apresenta uma Visão de Futuro, integrando os aprendizados e abrindo possibilidades para o que ainda está por vir.

Este livro não termina na última página. Ele pretende continuar presente nas decisões, conversas e estratégias daqueles que o leem. Que ele sirva como mapa, mas também como espelho: um reflexo daquilo que já está mudando — e daquilo que ainda podemos construir.

Economias são feitas de decisões. E decisões são feitas por mentes — humanas, artificiais ou, cada vez mais, por redes que combinam ambas. Quanto mais inteligentes forem essas redes, maior será a capacidade de uma sociedade criar valor com sentido.

Este livro começa agora. E ele começa com uma pergunta simples, mas definitiva: ***como queremos repensar o mundo com apoio de IA daqui para frente?***

PARTE 01

DIMENSÃO TECNOLÓGICA

Capítulo 1

CAPÍTULO 1

Inteligência Combinada

HUMANOS E IA PENSANDO JUNTOS

A IA saiu do laboratório e entrou no time

Ao longo da história econômica, o progresso sempre esteve ligado à ampliação das capacidades humanas. O arado multiplicou a força física. A prensa expandiu a voz das ideias. O motor deslocou o corpo mais rápido do que jamais sonhado. O computador, por sua vez, trouxe um salto lógico, automatizando cálculos e organizando dados em escala industrial.

Mas algo qualitativamente diferente começou a acontecer nas últimas décadas. Os sistemas deixaram de apenas responder comandos. Eles começaram a interpretar. Aprender com exemplos. Gerar hipóteses. Sugerir caminhos. A inteligência artificial se deslocou do plano da execução técnica e entrou no campo da cognição — e com isso, a própria lógica econômica começou a se transformar.

Neste novo ciclo, o valor não está mais concentrado na produção mecânica ou na automação isolada. Ele emerge do encontro entre dois tipos de inteligência: a humana, contextual, sensível, ética; e a artificial, rápida, iterativa, massivamente conectada a dados. Dessa união nasce o que este livro chama de inteligência combinada — um modo de pensar distribuído entre cérebros biológicos e digitais, capaz de transformar radicalmente como criamos valor.

Essa inteligência não é localizada, mas relacional. Ela não substitui o humano, mas amplia sua atuação. Um médico que interpreta laudos com apoio de IA, uma engenheira que projeta cenários com base em modelos preditivos, um gestor que toma decisões com suporte de algoritmos — todos operam, ainda que intuitivamente, em redes de inteligência combinada.

Essa mudança não é abstrata. Ela já está reorganizando a economia em várias frentes. Esses exemplos não são cenários futuros — já estão em prática em empresas que operam com modelos híbridos de decisão. Uma forma de começar é listar as tarefas da sua área que envolvem julgamento recorrente e perguntar: onde a IA poderia oferecer uma segunda opinião?

Um bom exemplo da integração bem-sucedida entre inteligência artificial e conhecimento organizacional é o caso do Morgan Stanley. A instituição financeira desenvolveu o *AI @ Morgan Stanley Assistant*, uma ferramenta baseada nos modelos da OpenAI, que permite aos consultores financeiros acessar rapidamente o conhecimento da empresa, potencializando a inteligência coletiva e a eficiência operacional.

Na indústria, linhas de produção se adaptam em tempo real conforme padrões detectados por sensores e algoritmos. No varejo, sistemas sugerem produtos com base em comportamentos de consumo invisíveis ao olho humano. Na agricultura, drones, imagens de satélite e modelos de previsão climática se integram com a experiência do agricultor para decidir quando plantar, irrigar, colher.

Estamos, portanto, diante do surgimento de uma nova classe de agentes econômicos: redes de decisão humano-artificiais. Elas combinam sensibilidade situacional com escala analítica. Criam soluções em ambientes onde antes só havia execução. E são cada vez mais decisivas em contextos de complexidade crescente.

Não se trata de ficção científica. O estudo *Collaborative Intelligence: Humans and AI Are Joining Forces* publicado pela Harvard Business Review mostrou que times compostos por humanos e IA tiveram performance superior tanto a times compostos apenas por humanos quanto a times compostos apenas por IA.

A razão não é técnica — é cognitiva. Cada parte compensa a limitação da outra. Humanos têm contexto e julgamento. Máquinas têm volume e consistência.

Essa complementaridade sugere algo profundo: que o próximo salto de produtividade não virá apenas da substituição do humano pela IA, mas da capacidade de ambos aprenderem juntos, em ciclos contínuos de cognição compartilhada. Esse é o solo onde cresce a Economia Guiada por IA — um novo campo onde valor é fruto da inteligência combinada aplicada ao cotidiano.

Decisões híbridas: Humanos e IAs pensam juntos

A inteligência combinada não surgiu de um único salto tecnológico, mas de uma sequência de avanços interligados que mudam a natureza das decisões humanas. O primeiro deles foi a automação de tarefas repetitivas. Ainda nos anos 1960, a IA era vista como um campo dedicado a replicar processos lógicos simples: jogar xadrez, resolver equações, classificar padrões. O foco estava em simular o pensamento humano de forma procedural, passo a passo, com base em regras definidas por especialistas.

Essa abordagem levou à criação de sistemas especializados, mas também à constatação de que grande parte da inteligência humana não é codificável em regras explícitas. A inteligência cotidiana — aquela usada para interpretar contextos ambíguos, tomar decisões sob incerteza e aprender com o imprevisto — não cabia em fluxogramas. Esse desafio provocou uma mudança de paradigma: em vez de programar comportamentos, seria necessário ensinar sistemas a aprender com exemplos. Nascia, ali, o campo do *machine learning*.

Com a chegada de grandes volumes de dados e poder computacional crescente, o aprendizado de máquina ganhou tração. Em vez de apenas seguir comandos, os sistemas passaram a reconhecer padrões, prever resultados e sugerir caminhos. Algoritmos se tornaram intérpretes — e, em alguns casos, parceiros — da ação humana. Foi nesse ponto que a IA começou a sair dos laboratórios e entrar no cotidiano das empresas, da saúde, da educação e do governo.

No entanto, mesmo com esses avanços, um ponto continuava ausente: o diálogo real entre humanos e máquinas. Por mais poderosos que fossem os modelos, o desafio estava em integrá-los ao raciocínio das pessoas — sem exigir conhecimento técnico especializado, sem fricção, sem alienação. A virada aconteceu com o surgimento da IA generativa, mais precisamente com os processadores de linguagem natural.

Ferramentas como o ChatGPT, os copilotos de programação, os modelos de geração de imagens e os assistentes conversacionais marcaram um novo momento: o da interface natural. Pela primeira vez, qualquer pessoa — independentemente de formação técnica — podia dialogar com um sistema inteligente e cocriar ideias, explorar hipóteses, testar possibilidades.

Esse momento representou mais do que acessibilidade. Ele sinalizou o início da era das decisões compartilhadas: ambientes onde humanos e IA operam em fluxo contínuo, cada um com suas competências, num processo que lembra menos uma delegação e mais uma conversa entre mentes diferentes.

A EVOLUÇÃO DA IA COMO PARCEIRA COGNITIVA

FASE	PAPEL DA IA	PAPEL DO HUMANO	RELAÇÃO ENTRE AMBOS
AUTOMAÇÃO	Executar tarefas repetitivas	Supervisionar	Delegação
ASSISTÊNCIA	Oferecer sugestões com base em padrões	Tomar decisões	Suporte
COMBINADA (ATUAL)	Aprender com interações e cocriar caminhos	Orquestrar e interpretar	Colaboração cognitiva

Exemplos desse novo modo de operar já se acumulam. Escritórios jurídicos utilizam IA para explorar jurisprudências, mas a decisão sobre o argumento estratégico continua sendo humana. Equipes de produto testam conceitos com IA e ajustam com base na intuição do time. Líderes usam dashboards preditivos para antecipar cenários, mas é o julgamento ético que define o curso final. A inteligência combinada não é fusão — é parceria.

O papel da IA nesses contextos não é tomar todas as decisões no lugar do humano, mas reorganizar o campo de possibilidades com mais clareza e velocidade. O resultado é uma nova forma de agir: mais informada, mais conectada, mais consciente do tempo real e da complexidade envolvida. E, acima de tudo, mais dependente da qualidade da interação entre os agentes da decisão.

A inteligência combinada, portanto, emerge menos como uma tecnologia e mais como uma forma de relação. Relação entre tipos diferentes de cognição, entre tempos diferentes de processamento, entre formas distintas de interpretar a realidade. Quando essa relação é bem desenhada, o resultado não é apenas eficiência — é inteligência aplicada de forma exponencial.

Cocriação de valor no ambiente de trabalho

Durante muito tempo, falou-se de inteligência artificial como um "recurso". Algo que se usa. Uma caixa de ferramentas sofisticada. Mas quando a IA começa a aprender com a cultura de uma organização, entender as nuances do contexto e refinar suas sugestões com base em decisões passadas — ela deixa de ser ferramenta. Passa a ser coagente do processo.

Esse é um dos sinais mais claros de que algo novo está em curso: humanos e IAs não operam mais em hierarquia de comando e execução, mas em ciclos de interação onde cada parte aprende com a outra. O humano oferece direção, intenção e senso de relevância. A IA oferece amplitude, memória e recombinação de padrões. Menos chefe e assistente, mais companheiros de viagem.

Quando se observa atentamente ambientes de trabalho onde a inteligência combinada floresce, percebe-se que os fluxos de decisão mudam de natureza. Saem de modelos lineares — briefing, pesquisa, execução — e passam a assumir formas mais fluidas, iterativas, adaptativas. A IA não espera ordens. Ela propõe. Testa. Erra e melhora. Não porque seja "inteligente" no sentido humano, mas porque é treinável — e, mais importante, continuamente treinada pela própria operação.

Considere o caso de uma empresa de logística. Durante anos, a otimização de rotas foi feita com base em fórmulas fixas: distância, tempo, custo. Hoje, um sistema de IA aprende diariamente com padrões de tráfego, mudanças climáticas, histórico de entregas e até o humor dos motoristas (extraído dos relatórios de feedback). O operador humano, ao invés de escolher entre três rotas fixas, passa a avaliar uma gama de alternativas refinadas em tempo real. Ele não perdeu o controle. Ganhou novas lentes.

Ou pense em um hospital. Profissionais de saúde usam IA para cruzar dados clínicos, prever riscos e sugerir tratamentos personalizados. A decisão final continua sendo humana — e sempre será. Mas a IA ajuda a revelar aquilo que poderia passar despercebido. A relação não é de dependência, mas de expansão. Um médico experiente não fica menos necessário. Fica mais equipado.

Esses exemplos não são exceções. São amostras de um padrão que começa a se repetir. Setor por setor, tarefa por tarefa, a lógica produtiva está incorporando sistemas que pensam com as pessoas, não apenas por elas. A inteligência combinada não substitui a intuição, o julgamento, a ética — mas os apoia, os estrutura, os estende.

A consequência prática disso é profunda. Porque o modo como pensamos define o modo como produzimos. E o modo como produzimos redefine o que consideramos valor. Em outras palavras, quando o pensamento se torna colaborativo entre humano e IA, o valor criado por essa colaboração não pode mais ser medido apenas em unidades físicas ou horas de trabalho. Ele passa a estar em outra camada: a da cognição aplicada.

Essa camada é invisível aos olhos tradicionais da contabilidade ou da planilha, mas é facilmente percebida nos resultados. No ritmo de inovação. Na clareza das decisões. Na velocidade de aprendizado. No alinhamento entre o que é feito e o que é realmente necessário.

Ao aceitar a IA como coagente, e não apenas como suporte, as organizações acessam um novo patamar de inteligência aplicada. Não é sobre estar na “frente da curva”. É sobre mudar o formato da curva. Tornar o aprendizado permanente, o raciocínio escalável, a intuição organizacional mais estruturada.

Orquestrador cognitivo: Uma nova habilidade

A inteligência combinada não muda apenas como trabalhamos. Ela muda com quem trabalhamos. Organizações que adotam sistemas de IA como parceiros cognitivos começam, ainda que sem perceber, a modificar a anatomia de suas estruturas internas. Áreas deixam de ser silos e se tornam pontos de conexão. Processos deixam de ser sequenciais e passam a ser redes de aprendizado. As decisões, antes centralizadas, tornam-se mais distribuídas — porque a inteligência também se distribui.

Não é exagero dizer que a IA, ao ser incorporada como colaboradora estratégica, cria uma nova forma de organizar o trabalho. Não mais centrada em tarefas isoladas, mas em ciclos contínuos de interpretação, ação e retroalimentação. Uma reunião de planejamento já não parte apenas da experiência acumulada dos gestores, mas também dos aprendizados do sistema. Um plano de ação não se baseia apenas em premissas fixas, mas em previsões que se atualizam com dados em tempo real.

E isso exige algo diferente dos profissionais. Não se trata mais de saber tudo, mas de saber conectar, perguntar e interpretar em colaboração com sistemas inteligentes. A habilidade de sintetizar sinais diversos, de traduzir intuições em dados acionáveis e de identificar padrões relevantes ganha um novo peso. É o surgimento de um novo tipo de talento: aquele que combina sensibilidade humana com fluência cognitiva.

Líderes que querem fomentar esses talentos podem começar o processo redefinindo reuniões para priorizar perguntas ao invés de respostas, incentivar testes de hipóteses em tempo real e valorizar quem sabe explorar dados mais do que certezas — tudo com apoio de IA.

Esses talentos não vem, necessariamente, de alguém com formação em ciência de dados ou engenharia de software. É alguém que sabe usar a IA como parceira estratégica. Que entende seus limites, mas também sua potência. Que sabe calibrar perguntas, testar hipóteses, avaliar recomendações. Em suma, alguém que pensa melhor porque pensa junto.

Nessa configuração, o que antes era visto como "automatização" vira fertilização cruzada. Em vez de substituir humanos, a IA passa a gerar contextos de decisão mais ricos, onde a inteligência de diferentes áreas pode convergir de forma estruturada. E esse é um ponto crucial: a inteligência combinada não se limita ao indivíduo que interage com a IA — ela se expande para o time, para o processo, para a organização inteira.

Empresas que começam a operar nesse novo modelo percebem mudanças sutis, mas poderosas. Os silêncios em reuniões diminuem. As decisões ganham mais embasamento. A documentação flui com mais consistência. E, talvez o mais interessante: as perguntas ficam melhores. Porque pensar com a IA exige mais clareza, mais contexto, mais propósito. A pergunta rasa gera uma resposta rasa. A pergunta profunda, por outro lado, ativa todo o potencial do sistema — e, ao mesmo tempo, revela o que o humano realmente quer entender.

É nesse cenário que a produtividade ganha uma nova definição. Não mais medida apenas por entregas, mas por qualidade de raciocínio. Por impacto da decisão. Por capacidade de combinar dados e sentido. Esse é o novo chão da fábrica — só que agora, a matéria-prima é conhecimento, e o produto final é valor interpretado.

Com isso, surge também um novo tipo de protagonismo. Um protagonismo distribuído entre humanos e IAs, mas também entre áreas e funções. Um profissional de vendas, por exemplo, passa a ter acesso a análises preditivas sobre o comportamento de clientes — mas é sua leitura humana que decide como abordar, o que adaptar, o que não fazer. Uma pessoa de RH pode mapear padrões de engajamento com IA — mas é sua escuta ativa que traduz isso em ações significativas. O valor está na interação, não na substituição.

Esse novo protagonismo exige organizações que pensem como organismos cognitivos. Ambientes onde o saber circula, onde o erro vira aprendizado, onde o sistema aprende com o time e o time aprende com o sistema. É nesse ecossistema de inteligência em fluxo que nasce uma vantagem competitiva menos visível, mas muito mais potente: a capacidade de evoluir junto com a própria tecnologia.

Evoluir não significa seguir modismos ou investir em qualquer novidade. Significa compreender o que, de fato, amplia a capacidade de pensar, agir e gerar valor. Significa olhar para a IA não como um espelho do passado, mas como um trampolim para novas formas de raciocínio coletivo. É nesse ponto que a inteligência combinada deixa de ser uma vantagem tecnológica e se torna uma capacidade organizacional estratégica.

A partir daqui, a discussão sobre produtividade precisa ir além da velocidade ou do volume. Precisamos falar sobre o tipo de valor que está sendo gerado. Sobre como mensurar a qualidade cognitiva de uma organização. Sobre como identificar o real impacto das decisões orientadas por essa nova forma de inteligência.

Arquitetura da inteligência combinada em rede

A inteligência combinada não é um ideal distante. Ela já está presente em fluxos de trabalho, decisões do dia a dia, ciclos de feedback e projetos em andamento. Está nos diálogos entre humanos e sistemas, nas sugestões refinadas por algoritmos, nos insights cocriados a partir da análise de padrões e do julgamento humano. Mas, sobretudo, ela está em algo maior: uma nova lógica econômica, baseada na expansão contínua da capacidade de pensar em rede.

Durante décadas, associamos valor a escala, eficiência, produtividade. E, em parte, isso ainda é válido. Mas à medida que os ambientes se tornam mais dinâmicos, voláteis e imprevisíveis, esses fatores sozinhos deixam de ser suficientes. A vantagem passa a estar em outra camada — a cognitiva: aquela que mede o quanto uma organização ou sociedade consegue interpretar o mundo com inteligência ampliada e tomar decisões relevantes em tempo real.

Esse novo tipo de valor é coletivo. Ele emerge do encontro entre diferentes formas de inteligência — humana, artificial, emocional, contextual.

Para consolidar os aprendizados deste primeiro capítulo, apresentamos abaixo um modelo visual que sintetiza os elementos centrais da inteligência combinada:

ARQUITETURA DA **INTELIGÊNCIA COMBINADA**

COMBINAÇÃO

INTELIGÊNCIA HUMANA

Julgamento ético, contexto cultural, sensibilidade emocional, imaginação criativa

INTELIGÊNCIA ARTIFICIAL

Reconhecimento de padrões, análise massiva de dados, velocidade de processamento, memória em escala

CONEXÃO

Interface fluida de colaboração entre humanos e sistemas (natural language, copilotos, fluxos interativos)

RESULTADO

- Decisões mais conscientes
- Ações mais inteligentes
- Valor mais significativo e sustentável

A inteligência combinada não está interessada apenas em processar mais — mas em processar melhor. Em separar o ruído do sinal. Em reduzir a fricção cognitiva dos times e transformar complexidade em clareza.

> ***"Uma empresa não é cognitiva porque tem IA. É cognitiva porque sabe aprender com ela."***

Esse é o novo papel dos humanos: não apenas executar tarefas, mas orquestrar sistemas inteligentes com intenção. E é também o novo papel da IA: não apenas entregar respostas, mas participar do processo de raciocínio coletivo com responsabilidade e aprendizado contínuo.

Convite final à prática

Escolha uma decisão recente tomada por você ou por seu time. Reflita:

- Onde a IA poderia ter apoiado esse processo com dados, simulações ou alternativas?
- Onde o julgamento humano foi — e ainda é — insubstituível?
- Como seria essa mesma decisão se tivesse sido construída em colaboração com uma IA personalizada ao seu contexto?

Anote suas respostas. Essa pequena análise pode revelar onde, hoje, já existe espaço para criar inteligência combinada no seu dia a dia. E pode abrir caminhos para decisões futuras com mais potência cognitiva.

Capítulo 2

CAPÍTULO 2

Como a IA redesenha o trabalho

ENGENHARIA REVERSA DA COGNIÇÃO

O trabalho está mudando, mas não do jeito que parece

Por décadas, o valor econômico foi sinônimo de produção em série. O que movimentava a economia eram tarefas bem definidas, repetíveis, delegáveis. O trabalho era dividido, categorizado, formalizado em descrições de cargo e contratos. Em muitos sentidos, a lógica da linha de montagem foi estendida à lógica da sociedade.

Esse modelo nos trouxe longe: elevou a escala, reduziu custos, estruturou carreiras. Mas agora, ele começa a mostrar sinais de exaustão. Em tempos de IA generativa, automação inteligente e conectividade total, a pergunta que paira não é mais apenas "quais tarefas vão desaparecer?", mas sim: qual é o papel do ser humano quando a tarefa deixa de ser central?

A transição que estamos passando não é apenas tecnológica — é ontológica. Muda a natureza do que chamamos de trabalho.

Na economia da tarefa, o profissional era valorizado pela capacidade de realizar instruções. Agora, o valor migra para a capacidade de interpretar contextos, formular boas perguntas, orquestrar inteligências — humanas e artificiais — em torno de um propósito. A tarefa cede espaço para o raciocínio. A execução cede espaço para o discernimento.

Isso exige uma revisão profunda das formas de organização, dos modelos de produtividade e das métricas de desempenho. Porque o trabalho como conhecemos está se transformando em algo menos tangível — e mais valioso.

Um documento entregue pode ter sido redigido em dois minutos com auxílio da IA. Mas a pergunta relevante é: qual foi o raciocínio envolvido? O que ele resolveu? O que ele gerou? Como ele se conectou com outros saberes?

A economia deixa de ser guiada por tarefas. Passa a ser guiada por cognição - humana e artificial.E isso redefine as fronteiras entre humano e máquina. Enquanto a IA se torna excelente em identificar padrões, escrever textos, gerar imagens ou mesmo tomar decisões baseadas em grandes volumes de dados, os humanos se tornam insubstituíveis nos espaços onde ainda é necessário atribuir sentido.

Não se trata de preservar antigos empregos — trata-se de redescobrir o que significa trabalhar. E esse processo não começa na sociedade como um todo. Começa dentro de cada organização, cada área, cada time. Começa quando líderes e profissionais passam a fazer outra pergunta: "o que estou fazendo aqui exige presença humana?"

Quando a resposta é "não", talvez a IA deva assumir. Quando a resposta é "sim", vale aprofundar: qual parte disso exige julgamento, intuição, negociação, criatividade, empatia?

Essa mudança não é uma ameaça. É uma libertação. A economia da tarefa limitava as pessoas ao que podia ser instruído. A Economia Guiada por IA amplia o espaço para o que só pode ser vivido. Mas essa transição não é automática. Ela exige novas formas de organizar o trabalho. Novas formas de pensar talento. Novas formas de desenhar fluxos e papéis.

Estamos saindo de um mundo onde o trabalho era dividido em partes — e entrando em um mundo onde o valor emerge das conexões entre partes. E essas conexões não se dão apenas entre humanos, mas entre humanos e IAs, entre dados e decisões, entre sentidos e sistemas.

Por isso, o antigo modelo de produtividade começa a falhar. Ele mede o que foi feito, mas não o que foi pensado. Ele conta entregas, mas não mede discernimento. Ele promove a velocidade, mas não garante inteligência.

Em breve, não será mais possível chamar de "trabalho" uma função baseada apenas na execução. Os fluxos de valor migrarão para as zonas onde há aprendizado, adaptação e contribuição consciente. E é nesse espaço que a inteligência combinada se torna o motor central da economia.

Segundo o relatório *AI Index 2024* da Universidade de Stanford, mais de 70% das grandes empresas globais já utilizam IA generativa em ao menos um processo crítico.

Estamos, portanto, diante de uma virada silenciosa, mas profunda: a economia está se tornando cognitiva. E o trabalho está deixando de ser um conjunto de tarefas para se tornar uma expressão de inteligência combinada.

De Taylor a hoje: o fim da tarefa como unidade de valor

O modelo atual de trabalho — baseado na execução de tarefas bem definidas — não surgiu por acaso. Ele foi arquitetado. Nos primórdios da Revolução Industrial, a tarefa era a única forma possível de estruturar o trabalho em larga escala. Era preciso dividir o complexo em partes, padronizar, medir, controlar. Nascia ali a lógica taylorista: máxima eficiência, mínima variação, foco no resultado mensurável.

Esse modelo não apenas organizou fábricas. Ele moldou a própria ideia de produtividade nas economias modernas. O tempo se tornou moeda. A eficiência virou sinônimo de valor. E o trabalho se transformou em um conjunto de entregas previsíveis.

Essa lógica funcionou bem em um mundo de baixa complexidade e alta repetição. Mas à medida que os sistemas econômicos se tornaram mais dinâmicos, interconectados e informacionalmente ricos, a tarefa deixou de dar conta da realidade.

No entanto, ela continuou reinando como estrutura de pensamento. Ainda se mede desempenho por tarefas. Ainda se define carreira por função. Ainda se projeta sistemas como se o trabalho fosse uma sequência de comandos a cumprir.

O problema é que, nesse processo, as pessoas foram sendo reduzidas ao que fazem, e não ao que pensam. Ao que executam, e não ao que interpretam. E quando a IA surge com capacidade de executar essas mesmas tarefas — muitas vezes com mais velocidade —, o modelo entra em crise.

Não é à toa que tantas organizações vivem hoje uma dissonância: adotam tecnologias sofisticadas, mas mantêm estruturas de trabalho que operam sob os mesmos princípios do século XX. Ferramentas do futuro, com lógica do passado.

A transição da economia da tarefa, portanto, exige muito mais do que requalificar profissionais. Ela exige repensar o trabalho como fenômeno cognitivo.

Isso significa abandonar a ideia de que o valor está na tarefa em si. E passar a perceber que o valor está na intenção, na leitura de contexto, na articulação entre diferentes saberes e na integração fluida com sistemas inteligentes.

Enquanto a lógica tradicional fragmentava o trabalho para facilitar o controle, a lógica cognitiva o reconecta para aumentar o sentido. Não se trata de fazer mais em menos tempo, mas de atribuir mais inteligência a cada ação realizada. Mesmo em fluxos de alta performance, a questão não é mais apenas quantas tarefas são concluídas — mas como cada ação se articula com o aprendizado da organização.

Essa mudança de foco redefine os próprios critérios de sucesso. Um time pode estar entregando todas as tarefas no prazo e, ainda assim, estar operando com baixa cognição: sem revisitar raciocínios, sem interagir com outras inteligências, sem conectar seu fazer ao contexto mais amplo.

Ao contrário, um time que questiona o propósito das ações, ajusta os fluxos com base em dados e sentido, e interage com ferramentas cognitivas como a IA para enriquecer seus raciocínios, está produzindo valor de outra ordem — valor cognitivo combinado.

Esse valor não se mede por planilhas tradicionais. Ele se percebe em decisões mais consistentes, em entregas mais coerentes, em soluções mais alinhadas à realidade complexa em que vivemos. Ele está presente nos espaços onde o trabalho deixa de ser rotina e passa a ser expressão de inteligência coletiva.

A substituição da tarefa pela cognição não elimina a necessidade de executar. Mas transforma o sentido da execução. O fazer continua existindo — mas é orientado por um pensar mais elaborado, mais distribuído, mais conectado.

O que define o trabalho, hoje, é a capacidade de conectar saberes, articular inteligências, aprender com o processo e atribuir sentido ao que se faz. Essa é a essência da Economia Guiada por IA: a tarefa não desaparece — ela se transforma em meio. O fim é o valor gerado com inteligência.

A engenharia reversa das funções de trabalho

A maioria das soluções de IA disponíveis no mercado ainda parte de um erro estrutural: tratam a inteligência artificial como uma ferramenta genérica, que deve ser adaptada superficialmente aos fluxos de trabalho humanos. Isso resulta em sistemas que até automatizam tarefas, mas não compreendem o contexto em que elas existem. A IA não entende o trabalho porque não entende a lógica por trás do trabalho. E essa lógica é, em grande parte, tácita, invisível e profundamente humana.

Por isso, o primeiro passo para integrar a IA de forma genuinamente produtiva não é treinar o modelo, mas ensinar a organização a se enxergar com mais clareza. E isso exige engenharia reversa das funções humanas: uma prática deliberada de mapear o que realmente acontece quando uma função é bem executada — quais saberes estão em jogo, quais decisões são tomadas, quais exceções surgem, como se transmite experiência, como se sustenta a cultura da equipe.

A partir dessa engenharia reversa, é possível construir os Cérebros Funcionais, que operam como extensões cognitivas das funções humanas. Eles não substituem as pessoas, mas as ensinam, apoiam e ampliam. Cada Cérebro Funcional pode acelerar o aprendizado de um novo talento, preservar o conhecimento crítico de uma função e garantir que as práticas de excelência não se percam na rotatividade ou no crescimento.

Ao adotar uma engenharia reversa como método, a organização desenvolve não apenas sistemas inteligentes, mas também uma nova forma de pensar sobre si mesma. Ela se torna consciente da sua própria cognição. E é essa autoconsciência organizacional que permite cultivar talentos, acelerar aprendizados, distribuir inteligência com ética — e criar um modelo de negócio onde a IA não apaga o humano, mas o potencializa.

Quando os Cérebros Funcionais e o Cérebro Organizacional operam juntos, o que se forma é um Sistema Cognitivo Organizacional (SCO). Esse sistema não é um software, mas uma nova camada de inteligência combinada e integrada, capaz de pensar com a empresa e evoluir com ela. O SCO permite que a cultura, o conhecimento e a capacidade de adaptação da organização sejam distribuídos de forma contínua, ética e estratégica por toda a estrutura.

Esse novo sistema também muda a forma como medimos valor, passamos a considerar uma nova métrica: o Valor Cognitivo Combinado (V^{cc}) — o valor gerado pela interação sinérgica entre cognição humana e inteligência artificial. O V^{cc} mede a capacidade de uma organização de aprender mais rápido, adaptar-se melhor, tomar decisões mais informadas e cultivar talentos com maior eficácia. É o verdadeiro diferencial competitivo da era da inteligência combinada.

Nada disso é possível com IA genérica aplicada de fora para dentro. O caminho é inverso: começa dentro da empresa, com a decisão de se conhecer profundamente. Nesse novo paradigma a vantagem não está no acesso à tecnologia em si, mas na capacidade de estruturar, ativar e cultivar inteligência combinada como parte do próprio funcionamento da organização. O SCO é a materialização dessa visão. Os Cérebros Funcionais e o Cérebro Organizacional são seus pilares. E a engenharia reversa é o ponto de partida.

A IA só se torna verdadeiramente estratégica quando é ensinada a aprender como a organização pensa, decide e evolui. Isso não se copia, não se compra pronto, não se terceiriza. Isso se constrói — de dentro para fora. E é justamente aí que nasce o valor.

Ao desconstruir as funções, emerge um novo tipo de lacuna: não apenas como a função é feita hoje, mas como ela deve evoluir para um mundo com IA. Essa análise revela os reskillings — capacidades humanas que precisam ser desenvolvidas para cocriar com a IA.

Categorias de Reskillings:

1. **Alfabetização em IA**
   - Entender como os modelos funcionam, suas limitações e potenciais.
   - Saber formular boas perguntas e interpretar respostas da IA.
2. **Engenharia de Prompt**
   - Saber estruturar interações eficazes com LLMs.
   - Construir fluxos de raciocínio, modular inputs e revisar outputs com criticidade.

3. **Curadoria e verificação**
    - Saber avaliar se o que a IA produziu está certo, relevante e ético.
    - Desenvolver senso crítico, julgamento e uso responsável da informação.
4. **Colaboração Homem-Máquina**
    - Trabalhar com a IA como parceiro cognitivo, não como ferramenta passiva.
    - Alternar entre delegar, supervisionar, revisar e co-construir com o sistema.
5. **Autenticidade Humana**
    - Reforçar aquilo que a IA não pode replicar: empatia, ética, criatividade contextual, visão de mundo, inspiração, presença emocional.

Como Definir o que Deve Permanecer Humano

Essa é uma das decisões mais estratégicas do SCO. Um bom critério de decisão é dividir a função em blocos cognitivos e perguntar:

- Esse bloco exige julgamento ético?
- Envolve empatia, nuance cultural ou intuição humana?
- Exige criatividade não-linear, contexto vivo, senso de propósito?
- Toca diretamente na identidade da empresa ou na experiência do cliente?
- Gera valor por meio da relação humana (ex: liderança, educação, cuidado)?

Abaixo um exemplo de mapeamento integrado com Engenharia Reversa de Funções, Design de Cérebros Funcionais e Reskilling de Talentos:

ENGENHARIA REVERSA DE FUNÇÕES

FUNÇÃO	ENGENHARIA REVERSA	RESKILLINGS PARA IA	O QUE PERMANECE HUMANO	OUTPUT DO CÉREBRO FUNCIONAL
ANALISTA DE MARKETING	Mapear decisões criativas, ajustes táticos e critérios de campanha	Prompt design, curadoria de IA generativa, análise de performance com IA	Narrativa, estratégia criativa, visão de marca	Sugestão de campanhas, simulações, onboarding interativo com casos reais
SUPERVISOR DE LOGÍSTICA	Observar roteirização, ajustes dinâmicos, decisões baseadas em campo	Uso de copilotos logísticos, roteirização assistida, análise preditiva de IA	Gestão de crises reais, improviso, senso de urgência local	Roteiros otimizados, simulações de contingência, fluxos de decisão documentados
RH BUSINESS PARTNER	Avaliar clima, conduzir feedbacks, apoiar líderes em decisões humanas	Copilotos de clima, curadoria de feedbacks, engenharia de dilemas éticos	Construção de confiança, decisões sensíveis, cultura viva	Sugestão de ações de RH, respostas empáticas, frameworks de dilemas humanos
ATENDIMENTO AO CLIENTE	Analisar interações, tom emocional, resolução de conflitos	Uso de IA para automação de FAQs, copiloto de respostas, leitura emocional assistida	Empatia, mediação de conflitos, fidelização	Atendimento híbrido, escalonamento inteligente, exemplos interativos de aprendizado
GESTOR DE PRODUTO	Mapear decisões sobre priorização de features, interações com stakeholders e visão de produto.	Copilotos de backlog, prompt design para testes de hipóteses, análise de dados com IA.	Visão estratégica, priorização ética, storytelling de produto.	Simulações de roadmap, ensino de práticas, copiloto de decisão de features.
ESPECIALISTA EM VENDAS B2B	Observar abordagens comerciais, leitura de necessidades do cliente, negociação e follow-up.	Copiloto de CRM, simulações de objeções, prompt design para personalização de pitchs.	Conexão com o cliente, persuasão, confiança e leitura de sinais sociais.	Simulador de pitchs, coaching digital de vendas, copiloto de negociação com contexto.
COORDENADOR DE PROJETOS	Alinhar escopo, tempo e entregas, organizar sprints e lidar com conflitos interfuncionais.	Ferramentas ágeis assistidas por IA, copiloto de planejamento, análise de riscos.	Liderança em incerteza, alinhamento entre times, gestão de ritmo e cultura.	Planejamento assistido, ensino de rituais ágeis, copiloto de resolução de conflitos.
INSTRUTOR CORPORATIVO	Mapear estilo de ensino, adaptação do conteúdo, condução de engajamento em aulas.	IA para criação de trilhas, copiloto de conteúdo, feedback automatizado.	Inspiração ao vivo, leitura de grupo, improviso educativo, criação de vínculo.	Geração de cursos, copiloto para aulas e engajamento, assistente de personalização.

Convite final à prática

A engenharia reversa das funções é o processo de desconstruir uma função profissional para revelar sua arquitetura cognitiva: decisões, critérios, práticas e contextos que sustentam sua execução. Ela não se baseia apenas na descrição de tarefas, mas na forma como o trabalho realmente acontece — com seus desvios, aprendizados informais e saberes tácitos.

Etapas da Engenharia Reversa:

1. **Identificar a função-alvo**
   - Escolha funções estratégicas, repetitivas ou de alto impacto.
   - Priorize áreas onde há alta rotatividade, curva de aprendizado longa ou risco de automação.
2. **Observar o trabalho em ação**
   - Faça job shadowing, entrevistas e capturas de tela ou vídeo do dia a dia da função.
   - Registre não apenas o que é feito, mas como e por que.
3. **Mapear decisões e critérios implícitos**
   - Pergunte: "Como você sabe que essa é a melhor resposta?" ou "Como você decide qual caminho seguir?".
   - Extraia os critérios cognitivos usados nas decisões — muitos são inconscientes até serem nomeados.
4. **Isolar rotinas, exceções e fluxos informais**
   - Liste os passos recorrentes (rotinas), os imprevistos comuns (exceções) e os atalhos (informais).
   - Esses são insumos-chave para ensinar a IA a lidar com ambiguidade e adaptabilidade.

5. **Codificar os saberes tácitos**
    - Reescreva os aprendizados informais em formato de conhecimento explícito.
    - Crie narrativas, cenários, exemplos e "regras de bolso" para alimentar a IA de forma contextual.
6. **Conectar com cultura, ética e propósito**
    - Pergunte: "Como essa função expressa nossos valores?" ou "Que dilemas éticos aparecem aqui?".
    - Isso orienta os limites e as prioridades dos Cérebros Funcionais.

Capítulo 3

CAPÍTULO 3

O erro sistêmico

POR QUE SUBSTITUIR HUMANOS NÃO É SUSTENTÁVEL

O erro sistêmico da automatização com IA

É fácil se encantar com a promessa de produtividade infinita trazida pela inteligência artificial. Sistemas que otimizam tudo. Algoritmos que não erram. Plataformas que operam 24/7 sem pausa, salário ou distração. À primeira vista, parece o paraíso da eficiência. Mas há um problema central — e ele não é técnico, é econômico: quem vai consumir tudo isso se os humanos forem sistematicamente excluídos da equação?

Não existe economia sem gente. Sem renda, não há consumo. Sem consumo, não há mercado. O que está em risco hoje não é apenas o emprego, mas a lógica inteira que sustentava o ciclo produtivo tradicional. Ao substituir pessoas sem redesenhar a forma como o valor é redistribuído, estamos construindo um sistema que implode sob sua própria eficiência. Produz muito. Vende pouco. Gera riqueza sem circulação. Cresce, mas não sustenta.

Esse é o erro sistêmico que a inteligência artificial está escancarando: passamos décadas tratando a eficiência como fim em si mesma, e não como meio. Organizamos nossas empresas, governos e cadeias produtivas com o objetivo de fazer mais com menos — mas esquecemos de perguntar: *mais para quem? Menos para quê?* Agora, ao atingir níveis inéditos de automação, descobrimos que um sistema que economiza trabalho sem redistribuir seus frutos cria escassez onde deveria haver abundância. Uma escassez de renda, de propósito, de protagonismo.

O erro está no desenho da engrenagem. Na premissa de que produtividade gera valor automaticamente, sem levar em conta quem permanece dentro ou fora do processo. A IA rompe com a escassez de meios, mas o modelo econômico segue preso à escassez de fim: onde a exclusão de pessoas é tratada como sinal de progresso. Mas o progresso que elimina a base do consumo — que é o ser humano — não é progresso. É autossabotagem.

A substituição de funções humanas por máquinas não é nova. O que muda agora é a velocidade, a profundidade e a abrangência da mudança. A IA não substitui apenas a mão de obra física. Ela substitui decisão, julgamento, estrutura. Ela faz aquilo que antes justificava os salários mais altos — e agora ameaça a renda justamente de quem, historicamente, ancorava o sistema de consumo e crédito. A classe média agora se vê pressionada por algoritmos que fazem melhor, mais barato e sem limite de escala.

E o sistema ainda insiste em medir "valor" com base em fórmulas antigas. Continua associando produtividade a horas de trabalho, crescimento à repetição, aumento de lucro ao corte de pessoas. Mas se a IA permite que uma empresa produza mais com 30% da equipe, e os outros 70% não são requalificados, nem reinseridos — então o que teremos é um mercado onde ninguém mais tem salário, mas todos são convidados a consumir. Essa conta não fecha. E quanto mais tempo ela for ignorada, mais instável será a base econômica global.

O erro sistêmico não é apenas técnico ou econômico. É mental. Um erro de imaginação. Um apego ao modelo industrial, mesmo quando já habitamos uma era pós-industrial. Um medo de repensar não só o "como" trabalhamos, mas o "por que". O trabalho humano não deveria ser apenas uma forma de gerar renda — deveria ser uma forma de gerar relevância, pertencimento e valor.

Não se trata de escolher entre humanos e máquinas. Trata-se de repensar as regras para que a inteligência artificial não seja uma força de expulsão, mas de reintegração. Para que a produtividade gerada se converta em qualidade de vida. Para que o tempo que ganhamos ao automatizar tarefas seja reinvestido em educação, cultura, cuidado, pesquisa, arte, regeneração — tudo o que não parece "lucrativo" no curto prazo, mas que sustenta a economia e a vida no longo prazo.

Isso exige uma nova arquitetura institucional. Empresas que medem sucesso não só por margem de lucro, mas por impacto e longevidade. Modelos de remuneração que valorizem contribuições invisíveis à planilha. E, sobretudo, líderes que entendam que aumento de eficiência sem distribuição de renda é uma bomba-relógio. Não uma vantagem competitiva.

A boa notícia é que já há sinais de mudança. Empresas que testam a jornada de 4 dias com aumento de produtividade e bem-estar. Países que discutem renda básica vinculada à automação. Modelos de negócios que priorizam impacto sobre escala. Profissionais que migram de cargos repetitivos para papéis de mediação, curadoria e criatividade. Ainda são poucos — mas mostram que é possível.

A inteligência artificial escancarou o erro. Agora cabe a nós corrigir o sistema que a criou. Essa é uma tentativa de entender o que precisa mudar na lógica econômica para que a era da inteligência não se transforme numa era do vazio. Porque eficiência não basta. É preciso sentido. E isso, por enquanto, ainda depende de nós.

O medo de ser substituído pela IA

O medo da substituição se instalou como fato emocional e econômico. Relatórios do Fórum Econômico Mundial de 2023 apontam que até 44% das habilidades atuais dos trabalhadores serão transformadas ou eliminadas até 2027. E uma análise do MIT sugere que, embora a IA possa criar novos tipos de emprego, ela está destruindo os antigos a uma velocidade superior à de reposição.

A consequência não é apenas desemprego. É a perda de identidade profissional em massa, um colapso silencioso da autoestima de milhões de pessoas que já não sabem se ainda são úteis. Profissionais antes valorizados por saberem analisar, escrever, interpretar ou gerenciar agora se veem assistidos — ou substituídos — por sistemas que fazem isso melhor, mais rápido e sem custos fixos.

O problema não está apenas na tecnologia. Está na forma como ela está sendo usada: para substituir o humano, sem revalorizar o que só o humano pode oferecer. Cortam-se tarefas, mas não se redesenham funções. Reduzem-se equipes, mas não se redistribui poder, propósito ou aprendizado.

Ou seja: o medo da substituição é legítimo. E não apenas por parte dos trabalhadores, mas também dos líderes. Porque à medida que a substituição cresce, o sistema começa a perder sua base de sustentação: consumo, confiança e coesão econômica.

Reduzir salários ou cortar postos para elevar margens pode funcionar no trimestre. Mas quando isso acontece em escala macroeconômica, quem comprará os produtos? Quem investirá em educação, moradia, saúde ou cultura?

A IA pode produzir muito, mas não consome. Ela não sente desejo, não tem renda, não gera demanda. O risco real não é só o desemprego. É o surgimento de uma economia produtiva, porém estagnada, porque perdeu a circulação de renda que só o humano ativa.

Esse é o ponto cego de muitas estratégias atuais de automação. Elas maximizam a eficiência, mas minimizam o impacto da exclusão na lógica de valor. Substituir sem redistribuir não é apenas injusto — é insustentável.

A resposta a esse dilema não está em negar a IA, nem em proteger artificialmente cargos em extinção. Está em reconhecer que o que precisa ser preservado não é o posto de trabalho em si, mas a inteligência e o valor que o humano representa dentro do sistema. É aqui que os conceitos do livro se tornam essenciais.

O *Valor Cognitivo Combinado* (V^{cc}) oferece um novo critério para decidir o que vale manter — e o que pode ser automatizado. Ele mostra que o trabalho humano, combinado com IA, pode gerar valor superior à soma das partes. Mas isso exige um desenho intencional de papéis: o humano como integrador, curador, julgador, mentor, criador de sentido — não apenas executor.

Esse novo valor não aparece em planilhas tradicionais. Ele só pode ser percebido se as empresas passarem a medir seu Produto Interno Cognitivo (PIC) — a soma do conhecimento vivo, das decisões éticas, dos aprendizados acumulados e da capacidade adaptativa que mantém a organização resiliente frente às mudanças.

Medir e preservar o *Índice de Cognição Corporativa (ICC)* se torna, assim, um fator estratégico. Empresas com alto ICC mantêm pessoas em funções de orquestração, mesmo que parte das tarefas já seja executada por IA.

Se a IA pode fazer mais com menos gente, ótimo. Mas isso só será sustentável se o valor gerado por essa eficiência for reinvestido em educação, renda, tempo livre, novas funções e novas formas de contribuir para resolução de novos problemas. Se isso não acontecer, a conta não fecha.

Porque sem pessoas com renda, sem consumo e sem pertencimento, nenhuma empresa sobrevive — nem as mais automatizadas.

SUBSTITUIÇÃO VS RECONFIGURAÇÃO

ESTRATÉGIA	SUBSTITUIÇÃO DIRETA	RECONFIGURAÇÃO INTELIGENTE
OBJETIVO	Reduzir custo	Ampliar valor cognitivo
RESULTADO	Demissões, retração de consumo	Redesenho de funções e papéis
IMPACTO NA RENDA	Queda	Redistribuição inteligente
IMPACTO NA INOVAÇÃO	Estagnação a médio prazo	Aumento de adaptabilidade
INDICADORES	Margem de curto prazo	V^{cc}, PIC, ICC
RISCO SISTÊMICO	Alta fragilidade estrutural	Economia com base cognitiva

A onda de substituição por agentes de IA

A onda de substituição por agentes de IA já começou — silenciosa em alguns setores, brutal em outros — e vem sendo vendida como o novo "avanço inevitável". Agentes que escrevem, respondem, analisam, vendem, negociam, coordenam e até decidem. Do atendimento ao cliente à programação, da curadoria de conteúdo à gestão de processos, tudo parece ser passível de automatização. E de fato, tecnicamente é. Mas a pergunta essencial permanece: devemos substituir ou devemos combinar?

A substituição por agentes de IA pode gerar ganhos pontuais de velocidade e custo, mas também introduz riscos profundos de padronização cognitiva, erosão de identidade e perda de consciência situacional. Agentes fazem o que foram treinados para fazer — e fazem muito bem — mas não sabem o que ainda não foi imaginado. Não reconhecem contexto emergente, não identificam tensões culturais, não tomam decisões com base em valores.

Além disso, o impacto humano é subestimado. Quando um agente substitui um colaborador, não é só uma função que desaparece. É uma oportunidade de aprendizado, uma troca, uma memória organizacional que se apaga. E isso não se recupera com eficiência técnica. A empresa pode até continuar operando — mas para de evoluir culturalmente.

O caminho mais poderoso não é substituir — é designar com clareza o que deve ser feito por agentes, e o que deve permanecer humano. E isso não se decide tecnicamente, se decide eticamente, estrategicamente, culturalmente. O papel dos Cérebros Funcionais, na Economia Guiada por IA, é exatamente esse: usar a IA para ensinar, acelerar e apoiar o humano — não apagá-lo.

Um agente autônomo pode ser eficiente, mas sem a supervisão, o refinamento e a criatividade humanas, ele apenas reproduz padrões. Já um sistema onde o humano ensina a IA, reconfigura o contexto, valida com consciência e amplia o raciocínio, produz um valor muito mais elevado, com menor risco de erro cego e maior capacidade adaptativa. Substituir remove esse ciclo de aprendizado vivo. Combinar o intensifica.

A onda de substituição por agentes vai continuar, mas o erro seria aceitá-la como destino. O que vai diferenciar as empresas que lideram das que apenas seguem é simples: enquanto umas medem progresso por quantos agentes substituíram, outras medirão por quanto valor humano conseguiram multiplicar com a IA.

Mais do que uma decisão empresarial, trata-se de uma questão econômica sistêmica. Uma economia que substitui seus trabalhadores sem requalificá-los, que automatiza o consumo mas desemprega o consumidor, está cavando a própria estagnação. Quando o humano sai do centro, a máquina gira sozinha — mas não cria demanda, não alimenta propósito, não move o ciclo. A única economia sustentável é aquela que cultiva inteligência combinada, que amplia capacidades humanas e que entende que a IA só vale quando serve, e não quando elimina.

O que está em jogo não é apenas o futuro do trabalho — é a sobrevivência da própria economia como sistema que ainda depende, profundamente, daquilo que só o humano pode oferecer. E para avançar sem barrar a IA, o caminho não é resistência, é redesign consciente.

Não se trata de impedir o progresso da IA, mas de decidir o que deve permanecer humano e o que pode ser automatizado com responsabilidade. A IA não deve substituir, e sim amplificar. Isso exige novos critérios de sucesso, como o V^{cc}, e novas estruturas, como o Cérebro Organizacional, que supervisiona os agentes com base na cultura da empresa. Não é frear a IA — é guiá-la e ser guiado por ela. Com estrutura, com ética, com intenção. A tecnologia não é o problema. O problema é insistir em usá-la com uma mentalidade industrial, de corte, quando ela pode — e deve — ser usada para ampliar nossas possibilidades.

A economia que ainda precisa de gente

Após décadas de promessas de automação total, uma verdade começa a se consolidar entre economistas, tecnólogos e líderes organizacionais: há coisas que, por mais avançada que seja a IA, ainda exigem gente. Mas não qualquer gente — e não qualquer trabalho. A substituição de tarefas técnicas, administrativas e operacionais é real.

A IA já redige contratos, recomenda diagnósticos médicos, propõe campanhas publicitárias, responde e-mails, cria código e gera imagens. No entanto, o que ainda não automatizamos — e talvez nunca consigamos — são as funções que envolvem julgamento moral, intuição, negociação emocional, decisão em ambiguidade, construção de confiança e visão estratégica com base em valores.

Estudos conduzidos pelo *Brookings Institution* apontam que, embora cerca de 45% das tarefas possam ser automatizadas em muitos setores, menos de 10% das ocupações completas estão sob risco de automação integral. O que se automatiza são blocos de tarefas. O que permanece humano são os papéis que exigem integração de múltiplas inteligências simultâneas, algo que o cérebro humano ainda executa com incomparável plasticidade.

Pensemos, por exemplo, em papéis de liderança. Um CEO pode usar IA para acompanhar métricas, gerar relatórios, simular cenários. Mas a decisão de demitir ou não uma equipe, de entrar ou não em um novo mercado, de manter ou não uma parceria estratégica — ainda depende de fatores que a IA não entende: legado, reputação, propósito, intuição moral, leitura subjetiva do momento.

O mesmo vale para profissionais de cuidado: médicos, terapeutas, educadores. A IA pode ajudar a diagnosticar com precisão ou sugerir abordagens pedagógicas. Mas ela não constrói vínculo, não capta traumas, não percebe entrelinhas emocionais. Em educação, por exemplo, professores que usam IA para personalizar a trilha de aprendizagem têm mais tempo para fazer o que só eles fazem bem: ouvir, motivar, dar sentido aos sinais humanos.

O que isso nos ensina? Que o diferencial humano, daqui para frente, não será mais o conhecimento técnico puro — mas a capacidade de integrar o técnico ao ético, ao cultural, ao emocional. O valor não estará em fazer, mas em decidir o que fazer, quando e por quê.

É aí que entra o conceito de Valor Cognitivo Combinado (V^{cc}). Ele emerge justamente da junção entre duas camadas de inteligência: a técnica (IA) e a contextual (humana). A primeira escala com velocidade e consistência. A segunda interpreta, escolhe e humaniza. A vantagem não estará em quem domina a IA, mas em quem sabe onde, como e por que usá-la.

Isso tem implicações profundas no desenho de funções, carreiras e modelos organizacionais.

Funções que antes eram medidas por execução — como analistas de dados, advogados juniores ou programadores — começam a ser redesenhadas como papéis de direção e curadoria. O analista deixa de ser quem processa números e passa a ser quem formula as perguntas. O programador deixa de ser quem escreve código e se torna quem entende o problema, desenha a lógica e valida a solução com base em objetivos de negócio.

Esse redesenho é o que alimenta o Produto Interno Cognitivo (PIC) da organização. Cada vez que um humano atua como "ponte viva" entre a IA e a realidade do negócio, ele contribui com uma camada de conhecimento que não pode ser replicada. Ele refina os prompts, entende as limitações, identifica riscos éticos, interpreta respostas. Esse trabalho invisível — de filtro, calibragem e crítica — é onde nasce o valor real da inteligência combinada.

Já há empresas medindo isso. A Salesforce, por exemplo, desenvolveu um modelo interno onde equipes de marketing, produto e dados colaboram com IAs para gerar campanhas. O sucesso da campanha não é medido apenas pelo resultado final, mas pela qualidade da colaboração humano-IA. Esse modelo é um modelo do que chamamos aqui de Índice de Cognição Corporativa (ICC).

As funções que ainda precisam de gente, portanto, não são definidas por sua resistência à tecnologia — e sim por sua capacidade de expandir o sentido da tecnologia. São funções que mantêm a inteligência da organização adaptável, ética e sensível ao mundo que a rodeia.

Fazer mais com menos ou mais com o mesmo?

Muitos líderes hoje estão sendo pressionados a usar IA para cortar custos — especialmente com pessoas. É compreensível, já que a tecnologia promete automação em massa, mais velocidade, menos erro. Mas há um risco real em seguir esse caminho sem reflexão: você pode cortar o custo certo... e perder o valor invisível que sustentava sua empresa.

Os layoffs das big techs e os congelamentos de contratações chamam atenção e geram ondas de ansiedade em empresas do mundo todo. Quando nomes como Google, Meta ou Amazon cortam milhares de pessoas, a leitura imediata costuma ser: "até eles estão enxugando, precisamos fazer o mesmo". Essa interpretação, porém, é rasa e perigosa. O que estamos vendo nas gigantes da tecnologia não é simplesmente substituição de pessoas por IA — é um reajuste estrutural depois de um ciclo de contratações exageradas durante o boom tecnológico.

Muitas dessas empresas contrataram em ritmo acelerado, criando camadas e estruturas que agora se mostram desnecessárias diante da maturidade das novas tecnologias. Os cortes são, em grande parte, ajustes táticos para abrir espaço a um novo modelo operacional — mais enxuto, mais orientado à IA, mas também mais dependente de pessoas com novas habilidades cognitivas e capacidade de supervisão crítica da IA. Não é demissão por obsolescência. É reinvenção do modelo organizacional.

O erro das empresas tradicionais é copiar o gesto (o corte), sem entender o contexto (a reconfiguração). Demitir sem preparar uma nova arquitetura de trabalho com IA é como amputar um membro esperando que ele se regenere sozinho. As big techs estão, em paralelo aos cortes, criando novos frameworks, contratando talentos em IA, reconstruindo fluxos com inteligência combinada e investindo pesado em cultura de IA. Elas não estão "substituindo" — estão reposicionando a força de trabalho para atuar com seu novo cérebro organizacional.

Por isso, replicar os layoffs sem redesenhar a estrutura cognitiva da empresa é uma estratégia vazia. As empresas que apenas cortam, sem investir em requalificação, cérebros funcionais ou integração humano-IA, se tornam mais frágeis — não mais eficientes. Perdem agilidade cultural, diminuem sua densidade cognitiva e criam ambientes inseguros que sufocam a inovação. É um corte que parece eficiência no curto prazo, mas custa muito caro no ciclo seguinte.

O verdadeiro movimento das big techs não é sobre redução de gente. É sobre aumento de inteligência por pessoa. É sobre transformar a organização em um sistema que aprende, supervisiona, evolui — com IA na estratégia e humanos no comando. Essa é a oportunidade real para empresas em qualquer setor: não seguir o corte, mas seguir a inteligência.

Como corrigir a conta que não fecha

Se a inteligência artificial permite que façamos mais com menos, por que o sistema econômico parece cada vez mais instável? Por que cresce a produtividade, mas também crescem o desemprego, a precarização e o medo de colapso social? A resposta está em uma conta básica — e mal resolvida: estamos substituindo pessoas sem substituir sua renda. Estamos aumentando a produção sem garantir consumo.

Em teoria, a automação deveria libertar o humano da repetição e ampliar o tempo disponível para criatividade, aprendizado e bem-estar. Mas, na prática, o que vemos é a substituição de funções humanas sem redistribuição de ganhos. O que era para ser progresso pode aumentar a assimetria: o capital se apropria dos benefícios da eficiência, enquanto o trabalho perde seu espaço e sua remuneração.

Essa equação não fecha. E os dados mostram isso com clareza.

Segundo a *OECD* (2022), o gap entre produtividade e salário médio nas economias desenvolvidas aumentou significativamente desde os anos 2000 — e acelerou após 2020 com a adoção massiva de soluções de IA e automação. Ao mesmo tempo, dados do *IMF* e *World Bank* mostram que o consumo global como proporção do PIB caiu em diversas regiões, pressionado pela perda de poder de compra das classes médias e baixas.

Ou seja, o sistema está produzindo mais valor, mas distribuindo menos — o que leva à subutilização crônica da produção, à desaceleração do consumo e ao aumento do endividamento privado.

Empresas ganham margem, mas não ganham estabilidade. Crescem no curto prazo, mas corroem sua base de clientes no médio. Essa dinâmica, se mantida, nos empurra para o que Daron Acemoglu chama de "crescimento sem prosperidade" — um crescimento técnico que não gera bem-estar, nem sustentação sistêmica.

O economista Thomas Piketty alerta que nenhuma sociedade pode se sustentar por muito tempo se a maior parte da população sente que não tem participação nos frutos do crescimento.

O valor do trabalho não pode mais continuar atrelado apenas ao "fazer" operacional. Em um mundo onde as máquinas executam melhor, o diferencial humano estará no discernimento, na mediação, na liderança ética, na capacidade de interpretar contextos.

É esse trabalho, muitas vezes invisível, que sustenta o que chamamos no livro de Valor Cognitivo Combinado (V^{CC}): a capacidade de gerar valor não pela força nem pela velocidade, mas pela qualidade das conexões entre pensamento humano e inteligência artificial. O trabalho Se conseguimos redesenhar o trabalho a partir desses critérios, deixamos de operar com base no medo da substituição — e passamos a operar com base na expansão do impacto humano. A IA assume o que é repetitivo; o humano assume o que é decisivo.

Convite final à prática

Este exercício pode ser feito por qualquer profissional, equipe ou liderança. O objetivo não é apenas refletir — é experimentar uma forma mais consciente de trabalhar.

Passo 1 – Liste suas tarefas mais frequentes

Pegue papel e caneta ou um bloco digital. Escreva de forma livre: quais são as principais atividades que você realiza no seu dia a dia? Tente não filtrar — apenas registre.

Agora, escolha uma ou duas que você considera mais "repetitivas" ou "automatizáveis".

Passo 2 – Avalie o valor cognitivo dessas tarefas

Para cada uma, pergunte:

- O que essa tarefa está tentando resolver?
- Que tipo de raciocínio ela exige?
- Qual parte pode ser feita por IA?
- Qual parte exige julgamento humano, sensibilidade ou adaptação?

Marque as tarefas onde o valor cognitivo está baixo (ou seja, pouca necessidade de pensar) e aquelas onde está alto (grande necessidade de interpretar, decidir, criar).

Passo 3 – Experimente o ciclo de liberação cognitiva

Escolha uma tarefa de valor cognitivo baixo. Agora, faça o seguinte:

- Use uma ferramenta de IA (como um assistente de escrita ou planilha inteligente) para automatizá-la ou acelerar sua execução.
- Use o tempo "liberado" para pensar em melhorias no processo como um todo.
- Registre pelo menos uma pergunta nova que surgiu com essa liberação.

Pode parecer simples, mas esse gesto é o início de uma nova forma de operar. A cada ciclo, você reduz esforço operacional e aumenta capacidade estratégica.

PARTE 02

DIMENSÃO ECONÔMICA

Capítulo 4

CAPÍTULO 4

Valor Cognitivo Combinado

A NOVA MEDIDA DE PRODUTIVIDADE

Uma nova equação de valor para a produtividade combinada

Desde que a ideia de produtividade começou a moldar economias, ela foi associada a quantidades. Produzir mais unidades por hora. Reduzir tempo por tarefa. Aumentar o retorno sobre esforço físico, recursos e capital. Foi esse raciocínio que ergueu indústrias, modelos de gestão, teorias de eficiência. E funcionou — até agora.

O problema não está no conceito de produtividade, mas em sua medida. O mundo mudou, mas seguimos avaliando progresso com métricas que foram criadas para linhas de montagem. Em um ambiente de trabalho onde o valor está cada vez mais na criatividade, no julgamento, na coordenação de decisões complexas e na aplicação de inteligência em tempo real.

Estudos recentes reforçam o impacto concreto da inteligência artificial na qualidade das decisões organizacionais, especialmente quando integrada de forma colaborativa com a cognição humana. Segundo a MIT Sloan Management Review, o uso de IA em processos de recrutamento aumentou significativamente a precisão na identificação de candidatos ideais, reduzindo vieses e acelerando o tempo de contratação.

Esse tipo de ganho — em velocidade, consistência e qualidade da decisão — representa o que o Valor Cognitivo Combinado (V^{cc}) busca capturar. O mesmo padrão tem sido observado em times de desenvolvimento de software que utilizam copilotos de IA: além de reduzir erros de código, essas ferramentas ampliam a capacidade de experimentação com segurança, liberando os profissionais para decisões de arquitetura.

Essa combinação entre cognições não é uma hipótese futurista — ela tem raízes conceituais na teoria da mente estendida de Clark e Chalmers (*The extended mind, 1998*), que propõem que a cognição humana pode ser expandida por ferramentas externas quando integradas ao processo mental. O V^{cc} atualiza essa visão ao reconhecer que a IA, quando bem conectada ao contexto humano, não apenas acelera processos — ela expande o pensamento.

O V^{cc} é a força gerada quando inteligências humanas e artificiais se conectam de forma coordenada para criar decisões mais relevantes e soluções mais eficazes. Diferente da produtividade tradicional, ele não mede a saída de uma máquina ou o rendimento de um funcionário. Ele mede o potencial de inteligência aplicada — a soma de cognições que, interagindo, geram valor superior.

Nesse novo cenário, a produtividade deixa de ser uma medida apenas de esforço e eficiência. Ela se estende e passa a ser, fundamentalmente, uma medida da capacidade cognitiva combinada entre pessoas, máquinas e contextos de informação.

Para tornar isso mensurável, desenvolvi a equação do Valor Cognitivo Combinado (V^{cc}), uma nova fórmula que traduz a produtividade para a era da inteligência combinada:

FÓRMULA BASE DO VALOR COGNITIVO COMBINADO (V^{cc})

$$V^{cc} = \left(\frac{I_h \times I_a \times C_o}{F_r} \right)^{K^c}$$

INTELIGÊNCIA HUMANA (I_h)

Julgamento, empatia, criatividade, consciência, intenção.

INTELIGÊNCIA ARTIFICIAL (I_a)

Velocidade, memória, inferência, geração e combinação de dados.

CONTEXTO ORGANIZACIONAL (C_o)

Ambiente que viabiliza o uso dessas inteligências (cultura, processos, informações e dados disponíveis).

FRICÇÃO COGNITIVA (F_r)

Obstáculos internos como ruído, medo, silos, excesso de controle ou desorganização informacional.

CONVERGÊNCIA COGNITIVA (K^c)

Grau de articulação entre diferentes campos de conhecimento — a força epistêmica da solução.

Uma das forças mais importantes da equação é o denominador: F_r, a Fricção Cognitiva. Em muitas empresas, essa fricção é invisível, mas devastadora: ela aparece em decisões lentas, retrabalho, desalinhamento entre áreas, medo de errar, falta de clareza estratégica ou disputas políticas internas. Reduzir ao longo do tempo a fricção não é tarefa da tecnologia — é tarefa da liderança.

É por isso que o mesmo sistema de IA pode gerar altíssimo valor em uma organização — e quase nenhum em outra. A diferença está no incentivo cognitivo: na qualidade da pergunta, na fluidez dos dados, na liberdade de combinar ideias, no nível de confiança entre pessoas e algoritmos. Onde há bloqueio, medo ou silos, a fricção cognitiva cresce — e o valor evapora.

Essa visão estende a produtividade para um ato inteligente, e não apenas como um esforço individual e mecânico. Não se trata de medir apenas performance por entregas visíveis, mas de observar o fluxo de pensamento e sua capacidade de gerar valor — o tipo de valor que move organizações na era da IA.

O V^{cc} nos nos leva a perguntar: quanto de inteligência foi aplicada nesta entrega? E mais do que isso: quantas formas de pensar se integraram para gerar este resultado? A IA, nesse modelo, não é apenas uma ferramenta de automação. Ela é um vetor de articulação entre múltiplas inteligências — humanas e artificiais — gerando maior capacidade de cognição.

Mas para que isso gere valor de fato, é preciso que o contexto favoreça essas conexões. E é aí que o expoente K_c se torna decisivo. O K_c representa o grau de convergência cognitiva em uma solução. Ele mede quantos e quais campos de conhecimento estão sendo integrados para pensar um problema e gerar valor.

O verdadeiro salto para criação de valor ocorre quando o uso da IA articula saberes diversos — engenharia, arte, psicologia, ética, neurociência, linguística, sociologia.

EXEMPLOS DE **CAMPOS DE SABER QUE AUMENTAM KC**

CAMPO DE SABER	CONTRIBUIÇÃO COGNITIVA	APLICAÇÃO COM IA
FILOSOFIA	Deliberação ética, lógica	Avaliação de viés, dilemas éticos em IA
NEUROCIÊNCIA	Tomada de decisão, atenção	Design de copilotos, priorização de alertas
PSICOLOGIA	Motivação, comportamento	Modelagem de interações adaptativas
ECONOMIA	Racionalidade, incentivos	Simulações, modelos preditivos
BIOLOGIA	Adaptação, sistemas vivos	IA em saúde, bioengenharia
ARTE	Estética, emoção, criação	Co-criação, geração visual, linguagem simbólica
ENGENHARIA	Eficiência, sistematização	Aplicação técnica e automação de IA
CIÊNCIAS SOCIAIS	Contexto, cultura, narrativa	IA para análise social, linguagem e impacto organizacional

O V^{cc} se torna especialmente crítico em áreas onde a complexidade é alta e as consequências das decisões são significativas.

Exemplos:

- **Educação:** currículos personalizados com IA precisam de visão pedagógica, dados, ética, neurociência e sociologia — alto K_C.
- **Saúde:** diagnóstico com IA exige articulação entre medicina, ciência de dados, bioética e psicologia — alto K_C.

- **Justiça e segurança pública:** uso de IA para decisões legais precisa integrar direito, ciência política, estatística e filosofia moral — altíssimo K_c.

Essa convergência epistêmica é o que transforma inteligência combinada em vantagem real. Organizações com V^{CC} baixo resolvem problemas do mesmo jeito há anos. Já aquelas com V^{CC} alto incorporam novas perguntas, novas abordagens e enxergam conexões que antes pareciam invisíveis.

Se o K_c é baixo e o processo é técnico demais, o risco de decisões enviesadas, desumanas ou ineficazes aumenta drasticamente. É por isso que o V^{CC} não é apenas um medidor de desempenho — ele é um protetor da integridade e da inteligência organizacional.

Organizações podem mapear seu grau de convergência cognitiva (K_c) usando três perguntas simples:

1. Quantos campos de conhecimento participaram da construção da solução?
2. Esses campos dialogaram entre si ou atuaram de forma isolada?
3. A IA foi usada apenas para execução ou também para gerar hipóteses, estruturar problemas, integrar visões?

A ideia de usar inteligências combinadas não é tratar a IA como substituta do raciocínio humano, mas sim usá-la para estruturar o pensamento: ela organiza dados, propõe hipóteses, testa caminhos baseados em padrões. Mas a criação de valor continua nas mãos das pessoas — especialmente daquelas que sabem integrar diferentes formas de pensar para formular perguntas relevantes.

> ***"O Valor Cognitivo Combinado é a inteligência que flui entre humanos e IA quando o ambiente passa a criar conexões inteligentes."***

Dentro das organizações, cada colaborador pode ser visto como um ponto de contato entre a inteligência humana e a artificial. Mas esse ponto só se ativa se houver clareza sobre o que ele deve pensar, decidir ou supervisionar. Se a pessoa não compreende o papel da IA no seu fluxo de trabalho, ela tende a rejeitar, desconfiar ou apenas replicar o que a máquina gera — reduzindo a influência da I_h e, por consequência, o V^{cc}.

O Contexto Organizacional (C_o), muitas vezes tratado como "intangível", pode ser definido com mais clareza à luz do V^{cc}. Ele inclui quatro elementos:

1. Acesso a dados úteis
2. Espaços de colaboração segura
3. Sistemas que registram e compartilham decisões
4. Práticas que conectam diferentes áreas do saber

Esses fatores precisam ser desenhados. A IA não constrói contexto — ela depende dele. Empresas que só introduzem ferramentas sem redesenhar seus fluxos e rituais não ativam o C_o de forma eficaz — e portanto limitam sua própria produtividade cognitiva.

O líder deve saber montar times pensando em complementaridade cognitiva, e não apenas em "hard skills". Ele valoriza quem provoca boas perguntas. Quem conecta áreas. Quem constrói pontes entre tecnologia e contexto humano. Em um time com alto V^{cc}, o líder não precisa ter todas as respostas. Precisa garantir que as melhores perguntas estejam sendo feitas — e que as pessoas certas estejam pensando juntas, e com IA, para respondê-las.

Na avaliação tradicional de desempenho de times a tendência é focar nas entregas individuais, no cumprimento de metas e na eficiência operacional. Com o V^{cc} implementado surge um novo olhar: Quem está expandindo a inteligência da equipe? Quem está integrando saberes? Quem está reduzindo fricção e aumentando clareza?

O V^{cc} é, no fundo, uma mudança de lente. Ele não mede apenas quanto se fez — mas como a inteligência foi ativada no processo. Isso torna a equação não apenas um diagnóstico, mas uma direção: a de construir organizações que pensam melhor, com mais amplitude cognitiva, mais interação entre humanos e máquinas, e menos ruído entre intenção e entrega.

Quanto maior o V^{cc}, mais valor gerado

Na transição para a era da IA que estamos vivendo, para além do quanto se entrega, é preciso perguntar: qual o valor envolvido nisso? O que está sendo produzido em termos de raciocínio, decisão, sentido, coordenação inteligente? A produtividade continua essencial, mas ela passa a ter outra camada de valor, conectada à qualidade da inteligência em ação.

Imagine duas equipes resolvendo o mesmo problema. Uma resolve rápido, com base em experiências passadas, mas sem questionar se os pressupostos mudaram. Outra utiliza ferramentas de IA para simular cenários, desafiar suposições e cocriar soluções mais adaptadas ao contexto atual. Ambas entregam, mas só uma delas está operando com inteligência combinada real — e, portanto, se adaptando ao mundo com IA.

E é nesse momento que muitas organizações ainda tropeçam. Elas automatizam processos, digitalizam tarefas, integram sistemas — mas continuam pensando com a lógica da produtividade medida apenas por velocidade. Resultado: aumentam a eficiência sem aumentar a inteligência — ou seja, sem necessariamente aumentar a eficácia. E isso, no médio prazo, cobra um preço alto.

Um dos erros mais comuns na adoção de tecnologias inteligentes é confundir aceleração com evolução. Usar IA para fazer o mesmo, só que mais rápido, não transforma o valor gerado. É preciso ir mais a fundo: reorganizar a forma como se pensa o trabalho, os fluxos, as decisões.

Estudos já mostraram que a qualidade das decisões humanas melhora quando algoritmos são usados como apoio — e não como substitutos. No paper *Algorithm appreciation (Logg, Minson e Moore em 2019)* identificaram que as pessoas tendem a preferir decisões apoiadas por IA quando mantêm autonomia de escolha, o que sustenta o modelo colaborativo de inteligência combinada defendido neste livro.

Na prática, o V^{cc} ajuda a dissolver um falso dilema: a ideia de que a IA estaria em oposição ao humano. O que ele mostra é que o verdadeiro diferencial está na capacidade de orquestrar inteligências diversas, e não de substituí-las. Times com alto V^{cc} não têm medo da IA — porque aprenderam a integrá-la como parte do raciocínio coletivo.

Quando um colaborador entende como a IA pode ser usada para ampliar sua análise, provocar hipóteses ou acelerar a compreensão de dados complexos, ele deixa de operar sozinho. O foco deixa de ser "o que eu posso fazer com a IA" e passa a ser "como nós — humanos e máquinas — podemos pensar melhor juntos?". Esse é um verdadeiro salto.

Mas ele não exige fórmulas mágicas — exige modelos mentais melhores. Por isso, o conceito de Valor Cognitivo Combinado é tão importante: ele permite nomear e medir o que antes era invisível — o valor que emerge quando se pensa junto com a IA, e não apenas quando se delega a ela.

O V^{cc} é uma lente para identificar onde a inteligência se expressa com potência. Equipes podem aplicar essa lógica a partir de uma perguntas simples: A IA está participando da evolução da decisão organizacional ou só da execução de tarefas?

INDICADORES PRÁTICOS DE V^cc EM AÇÃO

INDICADOR	SINAL DE ALTO V^cc	SINAL DE BAIXO V^cc
Qualidade das perguntas feitas	Direcionadas, estratégicas, adaptativas	Genéricas, técnicas, reativas
Decisões baseadas em IA	Contextualizadas, discutidas, refinadas	Automatizadas sem questionamento
Uso de IA em times	Cocriação de ideias, exploração de cenários	Substituição de tarefas mecânicas
Velocidade com clareza	Agilidade + consistência interpretativa	Rapidez com retrabalho e ruído
Aprendizado organizacional	Reaproveitamento ativo de insights entre áreas	Redundância, esquecimento, repetição de erros
Cultura de interação humano-IA	Natural, integrada, confiável	Resistida, forçada ou limitada a poucos especialistas

O economista e futurista Daniel Bell escreveu que, na sociedade pós-industrial, o conhecimento se tornaria o principal recurso produtivo. Podemos dizer que, na Economia Guiada por IA, esse conhecimento se torna dinâmico, compartilhado e expandido em tempo real. Ele não mora apenas em pessoas — se manifesta na forma como pessoas e sistemas pensam juntos, criando inteligência combinada.

Mesmo com IA poderosa, times que não sabem articular pensamento coletivo continuam tomando decisões pobres. Isso acontece por um fenômeno silencioso, mas devastador: a fricção cognitiva, que surge quando as pessoas não sabem usar a IA direito, quando os dados são caóticos, quando há medo de errar ou resistências culturais à mudança.

É como dirigir uma Ferrari em estrada de terra. O motor está pronto para ser acelerado, mas o terreno não permite usar sua potência. O V^{cc} sofre drasticamente dessas fricções — e esse é um dos grandes desafios atuais: preparar o terreno organizacional para que a IA possa pensar com as pessoas, não apenas para elas.

Organizações de alto V^{cc} não apenas entregam mais rápido — elas entregam com mais clareza, mais contexto e mais inteligência integrada. Isso pode ser observado em diversos níveis:

- **Na tomada de decisão:** times com alto V^{cc} tomam decisões mais embasadas, com menos retrabalho, mais antecipação de riscos e mais clareza sobre impactos.
- **Na construção de produtos:** produtos desenvolvidos com alto K_c atendem melhor ao usuário porque consideram múltiplas perspectivas — técnica, humana, estética, econômica e social.
- **Na inovação:** ambientes com baixo F_r (fricção cognitiva) e alto C_o permitem mais experimentação, mais colaboração genuína e mais aprendizado organizacional.

Não é a IA que decide melhor. É o sistema de inteligência combinada que pensa melhor — e por isso decide melhor. A velocidade de produção pode até escalar resultados no curto prazo, mas é a qualidade das decisões que sustenta valor no longo. E o que define a qualidade de uma decisão? O nível de inteligência envolvida no processo — e o modo como ela foi combinada.

Um V^{cc} alto entrega mais inovação, mais alinhamento com o propósito, mais adaptação ao contexto. E isso exige líderes que sabem reduzir fricção, elevar K_c e dar clareza sobre onde a IA entra. Times com alto V^{cc} evoluem juntos. Eles desenvolvem uma linguagem comum entre especialistas de áreas diferentes. Criam rituais de raciocínio coletivo. Passam a valorizar mais a qualidade das perguntas do que a pressa em responder sozinho.

O V^{cc} não é um conceito abstrato. Ele é um modelo de avaliação estratégica para organizações que querem pensar melhor — e fazer melhor como consequência. Times com alto V^{cc} não apenas entregam com mais qualidade. Eles criam uma nova forma de produtividade: uma que mede o quanto se aprendeu, o quanto se conectou, o quanto se pensou junto.

Organizações com alto V^{cc} não apenas melhoram sua performance, elas constroem um novo tipo de vantagem: a vantagem de saber se posicionar melhor em um mundo incerto.

A produtividade continua, mas com uma nova camada de valor

Produtividade sempre foi sinônimo de quantidade. E, por muito tempo, isso fez sentido. Medir entregas, horas, volumes permitiu construir indústrias, escalar serviços e estruturar economias inteiras. Mas no coração da economia digital — e, agora, da Economia Guiada por IA — essa medida já não é suficiente por si só.

Hoje, para além do quanto se entrega, é preciso perguntar: qual o valor cognitivo envolvido nisso? O que está sendo produzido em termos de raciocínio, decisão, sentido, coordenação inteligente? A produtividade continua essencial, mas ela passa a ter outra camada de valor, conectada à qualidade da inteligência em ação.

Essa nova camada não anula a anterior — ela a potencializa. Um time que entrega rápido com apoio de IA pode continuar medindo tempo e volume, mas agora é capaz de medir também a qualidade do aprendizado, da resposta, da construção conjunta. O Valor Cognitivo Combinado surge justamente nesse ponto: onde a eficiência encontra a consciência, e o resultado se mede em impacto, não só em entrega.

Na prática, o V^{cc} muda o significado da palavra "trabalho". Em vez de focar apenas na execução de tarefas, ele passa a considerar a interpretação de contexto, a qualidade das decisões e a aprendizagem que acontece no processo. Isso exige outro tipo de ambiente organizacional — um onde perguntas são tão valorizadas quanto respostas.

Em muitas organizações, ainda se espera que a IA seja aplicada apenas como um "turbo" para processos existentes. Mas esse é um uso limitado, que perde a essência da inteligência combinada. Quando a IA entra como parceira, ela não acelera apenas a execução — ela amplia a percepção, organiza o caos e provoca reflexão. Ela se torna parte do pensamento coletivo.

Isso exige mudar a forma como avaliamos o valor gerado por uma equipe. Não se trata mais apenas de entregas visíveis, mas da qualidade da cognição que acontece entre as entregas.

> ***"O pensamento complexo não rejeita a clareza, mas sabe que ela deve conviver com a incerteza."***
>
> EDGAR MORIN

Segundo o pensamento de Edgar Morin, pensar, nesse contexto, é justamente viver o que ainda não é e organizar o que ainda não está claro — não como um ato pontual, mas como um processo contínuo de adaptação, interpretação e criação de sentido. É essa capacidade de atuar sobre o incerto, reorganizando ideias, relações e informações em tempo real, que sustenta uma cognição verdadeiramente ativa nas organizações.

Na Economia Guiada por IA, essa organização do que ainda não está claro é o novo diferencial competitivo. Em empresas com alta maturidade cognitiva, os indicadores deixam de ser exclusivamente operacionais e passam a refletir a fluidez do pensamento e da colaboração entre humanos e IA. A seguir, um modelo de comparação entre indicadores tradicionais e cognitivos:

INDICADORES TRADICIONAIS VS INDICADORES COGNITIVOS

TIPO DE INDICADOR	TRADICIONAL	COGNITIVO (BASEADO EM V^{cc})
PRODUTIVIDADE	Tarefas realizadas por hora	Qualidade das decisões por ciclo de trabalho
EFICIÊNCIA	Tempo médio de execução	Tempo até insight aplicável
DESEMPENHO INDIVIDUAL	Entregas por colaborador	Contribuições cognitivas para decisões em grupo
INOVAÇÃO	Número de projetos lançados	Qualidade da integração entre IA + humano
APRENDIZADO ORGANIZACIONAL	Horas de treinamento	Evolução de padrões de pensamento coletivo

Esses indicadores não substituem os antigos — mas os complementam. E é na combinação entre eles que surge uma imagem mais fiel da real capacidade da organização de operar com inteligência combinada.

> ***"Quando se mede apenas o que é tangível, perde-se o que realmente sustenta o valor."***

A transformação da produtividade impacta diretamente a natureza do trabalho. Quando passamos a medir valor pela inteligência aplicada — e não apenas pela execução — também mudamos o que significa "trabalhar bem".

O V^{cc} permite enxergar o trabalho não como repetição, mas como raciocínio, combinação de saberes e decisão em rede. É esse olhar que abre espaço para entender como o papel das pessoas se reinventa na presença da IA: menos tarefas isoladas, mais colaboração cognitiva. E é exatamente isso que veremos a seguir.

Inteligência combinada como capacidade organizacional

Há um ponto onde o uso de IA deixa de ser uma vantagem tecnológica e se torna uma capacidade organizacional. É quando a inteligência combinada se torna parte do jeito de pensar da empresa — não apenas um recurso à disposição, mas um modo de raciocinar, decidir e agir.

Esse ponto de virada não acontece quando se instala um novo sistema. Acontece quando as equipes começam a construir hipóteses com a IA, refinar análises com base na operação real, questionar os próprios dados e dialogar com os resultados. A IA, nesse momento, deixa de ser consultora e passa a ser coautora da estratégia.

Esse cenário exige algo que poucas empresas dominam hoje: cultura cognitiva distribuída. Ou seja, a capacidade de fazer com que a inteligência combinada flua por toda a organização, conectando áreas, funções e níveis hierárquicos. É a diferença entre ter um sistema inteligente e ser uma organização que pensa em rede.

Empresas que desenvolvem essa capacidade começam a operar em um ritmo diferente. Tomam decisões com menos ruído, aprendem mais rápido, iteram com mais segurança. E, talvez o mais importante: desenvolvem uma consciência organizacional, onde as decisões não vêm de cima, mas emergem do coletivo — guiado por IA, mas com intenção humana.

ESCALA DE MATURIDADE EM INTELIGÊNCIA COMBINADA

NÍVEL	CARACTERÍSTICAS PRINCIPAIS	EXEMPLOS DE COMPORTAMENTO
01	Uso pontual de IA para tarefas operacionais	Chatbots isolados, automações simples
02	Adoção de IA em áreas específicas	IA em marketing, dados ou vendas com apoio de especialistas
03	Integração entre IA e fluxos de decisão estratégicos	IA presente em reuniões, simulações, relatórios gerenciais
04	Cultura cognitiva distribuída	Toda equipe interage com IA como parte da rotina
05	Inteligência combinada como capacidade organizacional viva	IA ajuda a construir cultura, aprendizado e diferenciação

Essa escala não é um ranking, mas um mapa de evolução possível. Cada organização pode estar em diferentes níveis, dependendo da área ou do desafio. O importante é saber onde está — e onde quer chegar.

O V^{cc} como diferencial competitivo

Quando o Valor Cognitivo Combinado se torna prática consolidada, ele passa a ser percebido não só internamente, mas externamente. Os clientes sentem. Os parceiros notam. O mercado responde.

Uma empresa que sabe pensar com sua IA projeta segurança, clareza e agilidade — e isso se traduz em confiança. Ela erra menos, corrige mais rápido, entrega com mais precisão. Seu diferencial não está apenas no produto final, mas no modo como constrói esse produto.

Isso reconfigura o jogo da diferenciação. Em vez de competir por preço ou escala, ela compete por nível de cognição aplicada. Não se posiciona como a que entrega mais, mas como a que pensa melhor. E, em um mundo sobrecarregado de informação, essa diferença vale ouro.

> ***"Num mundo inundado de informações irrelevantes, clareza é poder."***
>
> YUVAL NOAH HARARI

Essa clareza nasce da capacidade de distinguir o que importa, de agir com base em interpretações confiáveis, e de ajustar decisões em tempo real com apoio inteligente. Tudo isso é fruto direto do V^{cc} operando no centro da organização. Mas alcançar esse patamar exige também saber o que está impedindo a inteligência de circular.

Os bloqueios invisíveis da inteligência combinada

Mesmo com ferramentas de IA avançadas e investimentos robustos em tecnologia, muitas organizações continuam operando abaixo do seu potencial cognitivo. Não por falta de capacidade técnica — mas por fatores invisíveis, culturais, emocionais e organizacionais, que travam a circulação da inteligência.

Esses bloqueios são silenciosos. Raramente aparecem em diagnósticos formais. Mas seus efeitos são profundos. Um time que hesita em usar IA por medo de errar. Um líder que evita insights algorítmicos porque prefere confiar na "intuição gerencial". Um sistema que centraliza dados, mas dificulta o acesso. Tudo isso reduz drasticamente o Valor Cognitivo Combinado — e, com ele, o potencial estratégico da organização.

Muitas vezes, o problema não é a IA. É a forma como se pensa a IA. A forma como se distribui o direito de usá-la. A forma como se interpreta sua presença. O que se esperava que fosse um copiloto vira um observador passivo, e o que poderia ser um ambiente de cocriação vira um palco de ansiedade velada.

FATORES QUE **REDUZEM O V^{cc} NAS ORGANIZAÇÕES**

FATOR	COMO IMPACTA O V^{cc}
SILO DE DADOS	Limita o aprendizado coletivo e repete esforços
MEDO DE ERRAR COM IA	Reduz experimentação e bloqueia insights úteis
CENTRALIZAÇÃO DAS DECISÕES	Impede o fluxo distribuído da inteligência combinada
FALTA DE CLAREZA NO USO DA IA	Gera confusão, resistência e baixa fluência funcional
CULTURA DE COMPETIÇÃO INTERNA	Desincentiva a colaboração e o compartilhamento cognitivo

Em muitas organizações, o maior desafio da IA não é técnico, é psicológico. A tecnologia avança, mas o sistema emocional e simbólico das pessoas ainda está preso a antigas hierarquias cognitivas:

quem "sabe mais" decide, quem "executa" obedece. Nesse modelo, o espaço para pensar com a IA fica restrito — e o V^{cc} encolhe.

Por isso, criar inteligência combinada exige mais do que um bom prompt. Exige uma mudança no clima organizacional. Um ambiente onde perguntar é seguro, onde errar é interpretado como parte do processo, onde a curiosidade tem mais valor que a certeza.

Se o V^{cc} é uma planta viva, a liderança é quem cuida do solo. O papel do líder na Economia Guiada por IA deixa de ser o de quem tem as respostas, e passa a ser o de quem cria as condições para que as melhores respostas possam emergir do coletivo.

Esse novo papel exige três movimentos principais:

1. **Reduzir a fricção cognitiva:** Derrubar barreiras que impedem o raciocínio em rede.
2. **Distribuir fluência em IA:** Garantir que todos tenham acesso real e simbólico ao uso inteligente da tecnologia.
3. **Modelar o pensamento integrado:** Mostrar, na prática, como se pensa com IA — como se dialoga com dados, como se reinterpreta uma decisão à luz de novos padrões, como se aprende com o próprio sistema.

> ***"Quando o líder usa IA com naturalidade, o time para de tratá-la como ameaça e começa a vê-la como alavanca."***

Essa naturalidade não é um dom — é uma prática. Ela se constrói no uso cotidiano, no exemplo, na escuta. E se espalha como cultura, não como norma. A ideia de medir o V^{cc} é viabilizar a cocriação contínua entre pessoas e sistemas — mas que só floresce onde há incentivo à liberdade cognitiva. Onde a IA pode contribuir, sim, mas onde o humano continua no centro, não como executor, mas como curador do pensamento coletivo.

Convite final à prática

Para aplicar o conceito de Valor Cognitivo Combinado no seu contexto atual, proponho um exercício simples, mas revelador:

Exercício de Diagnóstico Rápido de V^{cc}

1. Escolha uma equipe ou projeto da sua organização.
2. Reflita: Em que momentos há interação real entre humanos e IA nesse fluxo?
3. O que está facilitando essa interação? E o que está atrapalhando?
4. Se pudesse fazer uma pequena mudança para aumentar o V^{cc} nesse caso, qual seria?

Este exercício pode ser feito individualmente ou em grupo, e costuma abrir diálogos valiosos. Em pouco tempo, fica claro que o Valor Cognitivo Combinado não depende de um investimento gigantesco — depende de atenção, intenção e experimentação.

Capítulo 5

CAPÍTULO 5

Como medir a cognição de uma organização

Inteligência como motor da riqueza

Imagine um país em que a produção de automóveis cresce 12% ao ano. As estradas se expandem, o consumo de combustível dispara, os serviços de manutenção florescem. A economia vai bem — pelo menos, no papel.

Agora imagine que, nesse mesmo país, as pessoas passam mais tempo presas no trânsito. O ar fica mais poluído. A saúde mental das cidades se deteriora. Mas o PIB continua subindo, porque o PIB mede a produção e o consumo, não o bem-estar, nem a inteligência aplicada nas decisões.

Durante mais de um século, confiamos no PIB como o termômetro do progresso. E ele teve, sim, um papel essencial: ajudou a estruturar políticas públicas, comparações internacionais e modelos de crescimento. Mas à medida que a economia se torna mais cognitiva, conectada e simbólica, o PIB começa a parecer uma fotografia antiga em um mundo em movimento.

O relatório *Beyond GDP*, da OCDE (Organização para a Cooperação e Desenvolvimento Econômico), discute os limites do PIB como indicador de progresso. Em outras publicações, a OCDE também destaca o papel crescente do capital intangível — intimamente ligado ao capital intelectual. Os dados mostram que grande parte do valor de empresas líderes vem desses ativos — ou seja, através do valor criado pela inteligência.

Estamos vivendo uma economia em que o que vale não é apenas o que se faz — mas o que se pensa, o que se decide, o que se aprende. E nenhuma dessas variáveis está no PIB. É aqui que o PIC entra. Não como um substituto imediato. Mas como uma lente complementar para enxergar onde o valor real está sendo criado — e por quem.

Se uma empresa investe milhões em automação e demite 40% de sua força de trabalho, o PIB pode subir. Se um governo aumenta o consumo via subsídios de curto prazo, o PIB pode reagir positivamente. Se uma pessoa faz três viagens de carro ao invés de uma, o PIB agradece.

Mas nenhuma dessas ações, isoladamente, indica que a inteligência da sociedade aumentou. Pelo contrário: muitas vezes, elas apenas mascaram o esgotamento de um modelo baseado em quantidade, não em qualidade. Em esforço bruto, não em raciocínio distribuído.

O que o PIB mede é volume — de bens, serviços, consumo, produção. Mas volume não é valor. Uma economia pode produzir muito e ainda assim se perder em decisões pobres, desinformadas, descontextualizadas. Pode girar sem sair do lugar. Ou pior: pode acelerar na direção errada.

Em tempos de inteligência artificial e redes complexas, o que realmente impulsiona o progresso não é mais a produção física — é a qualidade da cognição coletiva. A capacidade de usar dados com consciência. De tomar decisões conectadas ao contexto. De aprender rápido, ajustar rotas, e alinhar propósito à ação.

É por isso que o Produto Interno Cognitivo (PIC) surge como proposta: medir não o quanto se produz, mas o quanto se pensa bem.

O PIC não é uma métrica concorrente ao PIB — é uma métrica complementar que olha para outro tipo de riqueza: aquela que nasce da inteligência combinada.

Uma sociedade com alto PIC é aquela onde:

- As organizações aprendem com seus próprios dados e práticas;
- As decisões públicas são embasadas em evidência, e não apenas em discurso;
- As pessoas se desenvolvem com ferramentas que ampliam sua cognição, e não que as substituem;
- A IA é usada para expandir o pensamento humano — não para substituí-lo.

É importante notar: o PIC não mede apenas tecnologia. Ele mede o efeito cognitivo da tecnologia combinada com cultura, com estrutura, com aprendizado. Em outras palavras: o PIC é a soma das mentes humanas e artificiais, operando em contexto, com propósito, para inovar e produzir mais e melhor. Ele capta o que o PIB ignora: raciocínio, propósito, significado. E isso muda a percepção da economia.

Porque ao medir o que realmente importa, passamos a direcionar o desenvolvimento para onde ele se transforma. Onde há inteligência ativa, há mais inovação, mais equidade, mais sustentabilidade. Não por retórica, mas por consequência direta da qualidade das decisões que se tomam todos os dias.

Os pilares do Produto Interno Cognitivo

O PIC não nasce como um índice fixo. Ele surge como um novo olhar — uma lente que permite observar quanto valor cognitivo está sendo gerado dentro de uma organização, cidade, país ou sistema. Para isso, propõe dimensões complementares ao que o PIB captura.

O PIB mede atividades finalizadas: quanto se produziu, quanto se consumiu, quanto se investiu. O PIC olha para o processo de criação de valor baseado em inteligência — antes, durante e depois da entrega. Ele mede a capacidade de pensar, conectar, decidir, aprender.

Essa diferença é essencial. O PIB se interessa pelo produto. O PIC, pela jornada que leva até ele — e pela qualidade da decisão que o origina. Isso não é subjetivo. Pode ser observado por indicadores de cultura, estrutura, aprendizado, fluidez cognitiva, uso estratégico de IA, capacidade de adaptação e mais.

Organizações com alto PIC são aquelas que operam em modo cognitivo. Em vez de repetir, elas aprendem. Em vez de só produzir, elas raciocinam. Em vez de buscar eficiência a qualquer custo, buscam sentido com inteligência.

COMPARATIVO ENTRE **PIB** E **PIC**

PRODUTO INTERNO BRUTO (PIB)	PRODUTO INTERNO COGNITIVO (PIC)
Mede volume de produção e consumo	Mede qualidade da cognição na criação de valor
Foco em bens, serviços e investimentos	Foco em decisões, raciocínio, aprendizado e sentido
Valor gerado no fim do processo	Valor cultivado durante o processo
Baseado em inputs econômicos	Baseado em inteligência ativa (humana + IA)
Ignora fluidez de pensamento	Considera estrutura cognitiva e integração cultural

Esse comparativo não serve para invalidar o PIB. Ele serve para mostrar que, em uma economia cada vez mais movida por processos simbólicos, conectados e orientados por dados, precisamos de uma nova camada de análise. Uma nova forma de enxergar onde está o verdadeiro motor da riqueza. E é isso que o PIC propõe.

A estrutura do PIC pode ser organizada em cinco dimensões principais, que podem ser avaliadas qualitativamente (por observação) ou quantitativamente (com métricas específicas, quando disponíveis):

1. **Cognição Individual Ampliada**

Quanto cada profissional ou cidadão tem acesso e capacidade de usar ferramentas de ampliação cognitiva (como IA, dados, contextos, interpretações).

2. **Fluidez Coletiva de Pensamento**

O grau com que as ideias circulam entre áreas, equipes, setores e pessoas. Isso depende de cultura, estrutura e tecnologia — mas também de segurança psicológica.

3. **Uso Ético e Estratégico da IA**

Se a IA é utilizada apenas para automação de tarefas ou se atua como parceira na construção de decisões mais conscientes, informadas e humanas.

4. **Aprendizado Sistêmico em Tempo Real**

O quanto as organizações ou sistemas aprendem com o que fazem, adaptam rotas, iteram processos e incorporam erros como parte da evolução.

5. **Produção de Valor com Sentido**

Não basta ser inteligente — é preciso aplicar essa inteligência para gerar valor que importa. O PIC observa se a cognição coletiva está alinhada a propósitos reais, impacto positivo e sustentabilidade.

Essas dimensões não são teóricas — elas podem ser observadas. Quando um time opera com IA para raciocinar melhor, documenta o processo, compartilha o aprendizado e toma decisões mais alinhadas ao todo, o PIC está sendo criado. Quando uma cidade usa dados para antecipar políticas públicas com participação cidadã, o PIC cresce. Quando uma organização substitui a competição por co-aprendizado entre áreas, o PIC se manifesta.

Onde está o PIC? Como ele aparece no cotidiano?

Como o PIC é um conceito muito novo introduzido neste livro para entender a Economia Guiada por IA, a pergunta que muitos fazem é simples e direta: como isso se observa? Afinal, o que não se vê, não se transforma. Observar o PIC é, antes de tudo, um ato de atenção.

A boa notícia é que o PIC não exige sensores especiais nem ferramentas complexas. Ele se revela nas práticas, nos rituais, nas conversas e nas decisões. Ele aparece no cotidiano — e justamente por isso, costuma passar despercebido em estruturas que só olham para entregas, e não para processos de raciocínio.

Para facilitar a observação, podemos listar alguns sinais de presença do PIC em organizações, governos ou redes sociais:

- Há tempo intencional para pensar antes de decidir;
- A IA é usada para propor interpretações, não apenas acelerar tarefas;
- A documentação foca em raciocínio, não só em status ou entregas;
- Existe aprendizado coletivo entre áreas;
- O erro é tratado como ponto de inflexão, não como fracasso;
- As pessoas sabem explicar por que decidiram como decidiram.

Do lado oposto, a ausência de PIC costuma se revelar por:

- Decisões automáticas, sem reflexão ou análise contextual;

- Pouca ou nenhuma integração entre IA e pensamento humano;
- Inteligência que se perde quando pessoas mudam de função;
- Ambientes onde questionar é visto como desafio à autoridade;
- Sistemas de metas que privilegiam velocidade sobre sentido.

Esses sinais não são binários. Uma mesma organização pode operar com alto PIC em uma área e baixo em outra. Um mesmo projeto pode começar de forma cognitiva e, sob pressão, regredir ao automático. É por isso que o PIC é dinâmico: ele ajusta conforme o ambiente.

Observar isso com regularidade é o que dá origem à próxima etapa da proposta deste livro — a criação de indicadores internos de cognição organizacional.

O ICC como ferramenta para medir a inteligência da organização no mundo com IA

A economia guiada por inteligência artificial não será liderada por quem tiver as tecnologias mais sofisticadas, mas por quem souber estruturar sistemas de pensamento contínuo. É por isso que o Produto Interno Cognitivo precisa ser mais do que uma ideia. Ele precisa de instrumentos que permitam sua manifestação prática.

O Índice de Cognição Corporativa (ICC) nasce com esse propósito: tornar visível o invisível. Ele funciona como uma lente para diagnosticar o quanto uma organização está criando valor cognitivo de forma consciente, combinando IA e cognição humana em tempo real.

O ICC não pretende atribuir nota ou rankear empresas. Ele é uma ferramenta estratégica de autoconhecimento organizacional — que revela como a inteligência circula, se organiza e se transforma em valor. Seu maior benefício está no que provoca: conversas, reflexões e ajustes de rota baseados na qualidade da cognição, e não apenas na produtividade.

É também uma forma de romper com uma armadilha comum: acreditar que basta "ter IA" para ser uma organização inteligente. Na prática, o diferencial está menos no acesso e mais na capacidade de estruturar ecossistemas que raciocinam coletivamente.

> ***"A verdadeira vantagem competitiva está na capacidade de uma organização de aprender mais rápido do que a concorrência."***
>
> PETER M. SENGE

Esse aprendizado não acontece no vácuo. Ele depende de cultura, processos, ambientes e tecnologias que se alimentam entre si. O ICC ajuda a observar esse ecossistema como um organismo — com entradas, saídas, conexões e bloqueios.

Ao aplicar o ICC, a organização é convidada a se observar como um sistema de cognição distribuída. A inteligência não está apenas no C-level ou nas áreas técnicas. Ela está nos operadores que identificam padrões antes dos sistemas. Nos analistas que cruzam dados com intuição. Nos gestores que se permitem reaprender com os erros. Na IA que propõe hipóteses. E no todo que organiza esses pontos de luz em pensamento coletivo.

O ICC estrutura essa observação em cinco eixos principais, cada um com suas variáveis qualitativas:

1. **Cultura Cognitiva**

O ambiente encoraja perguntas, reflexão e aprendizado? Há espaço para desacelerar e pensar? A IA é usada como parceira ou como atalho?

2. **Integração Humano-IA**

Os sistemas inteligentes estão a serviço do aumento da consciência ou apenas da eficiência? As pessoas entendem como interagir com IA de forma estratégica?

3. **Fluxos de Decisão e Aprendizado**

As decisões importantes consideram múltiplas perspectivas? O raciocínio por trás das escolhas é documentado, compartilhado e revisto?

4. **Mecanismos de Retroalimentação**

A organização aprende com o que faz? Existem canais para capturar insights dos times, dos clientes, dos dados? Isso gera mudança real?

5. **Alinhamento com Valor Cognitivo Combinado (V^{cc})**

A produção de valor está conectada a sentido, propósito, impacto e qualidade da cognição? Ou tudo gira em torno de metas estanques?

Esses eixos não são caixas a serem preenchidas. São espelhos que refletem o grau de maturidade cognitiva de uma organização. E sua aplicação não é sobre medir para punir, mas sobre enxergar para evoluir.

Organizações que se observam por esse prisma ganham clareza sobre onde estão operando de forma combinada — e onde ainda funcionam como máquinas fragmentadas. E isso, por si só, já representa um salto estratégico.

O modelo do ICC em ação: como medir e evoluir a cognição corporativa

Transformar o conceito de Produto Interno Cognitivo em prática exige mais do que entender seus fundamentos. Exige ferramentas que possam ser aplicadas no cotidiano de organizações reais — com suas imperfeições, ambiguidades e pressões por resultados.

O Índice de Cognição Corporativa (ICC) foi desenhado para funcionar como uma bússola organizacional. Ele não aponta um destino fixo, mas ajuda a calibrar a direção do pensamento coletivo. Serve para que equipes, áreas e lideranças possam enxergar onde a inteligência está fluindo — e onde está se bloqueando.

Sua aplicação ideal acontece em ciclos iterativos curtos: autoavaliações regulares feitas por áreas ou times, seguidas de ajustes conscientes nos fluxos, nas ferramentas e nos rituais de decisão.

O modelo do ICC é simples em sua estrutura inicial — mas poderoso em sua aplicação simbólica. Ele convida a organização a pensar sobre si mesma como uma plataforma de cognição combinada.

MODELO SIMPLIFICADO DO ICC | 5 EIXOS, 3 NÍVEIS

EIXO	NÍVEL BAIXO	NÍVEL MÉDIO	NÍVEL ALTO
01 CULTURA COGNITIVA	Reativa	Pontual	Viva
02 INTEGRAÇÃO HUMANO-IA	Tática	Operacional	Estratégica
03 FLUXO DE DECISÃO	Hierárquico	Compartilhado	Combinado
04 RETRO-ALIMENTAÇÃO	Nula	Esporádica	Sistêmica
05 ALINHAMENTO AO V^{cc}	Métrica	Discurso	Direcionador

Cada eixo é avaliado de forma qualitativa — por meio de discussões, entrevistas, questionários rápidos ou até workshops interativos. A intenção não é criar um índice numérico fechado, mas gerar conversas poderosas.

Quando uma equipe se pergunta: "nossas decisões são mais hierárquicas, compartilhadas ou combinadas?", ela já está iniciando o processo de reorganização cognitiva. Quando percebe que a IA está sendo usada de forma tática, e não estratégica, isso já acende um sinal para ajuste de cultura, não só de tecnologia.

Aplicações práticas em organizações diversas

O ICC pode ser usado em múltiplos contextos:

- **Uma startup em crescimento**, que deseja manter sua fluidez cognitiva mesmo com o aumento da complexidade e da equipe.
- **Uma empresa tradicional**, que quer entender por que suas iniciativas de IA não geram transformação real.
- **Um setor público**, que busca elevar a qualidade das decisões políticas com apoio de dados e participação.
- **Uma escola ou universidade**, que deseja formar não só profissionais, mas mentes capazes de pensar com sistemas inteligentes.
- **Um time de liderança**, que quer sair do discurso sobre IA e entrar na prática da inteligência combinada.

A aplicação pode ser feita por célula, por área, por projeto. E quanto mais participativo for o processo de avaliação, maior será o efeito cultural do ICC.

Organizações que experimentam esse modelo relatam um fenômeno interessante: o simples ato de observar a cognição já provoca um aumento na qualidade do pensamento coletivo. É como se, ao iluminar os caminhos da inteligência, ela começasse a fluir com mais naturalidade.

E é exatamente esse o espírito da Economia Guiada por IA: não se trata de automatizar tudo, mas de pensar melhor com todos.

O PIC como bússola para o futuro econômico

À medida que os desafios econômicos se tornam mais interconectados e sistêmicos, cresce a sensação de que os instrumentos clássicos de análise e gestão não estão mais à altura da complexidade atual. O PIB, com sua lógica de mensuração volumétrica, não consegue capturar as alavancas reais de progresso em uma economia cada vez mais simbólica, automatizada e sensível à qualidade do pensamento.

Governos investem bilhões em infraestrutura, mas deixam de lado a infraestrutura cognitiva — aquela que sustenta decisões mais inteligentes e políticas públicas mais resilientes. Empresas aplicam tecnologias de ponta sem saber como medir se essas inovações estão gerando mais inteligência coletiva ou apenas mais complexidade operacional. Líderes anunciam metas de produtividade, mas não sabem quantificar o que suas organizações estão aprendendo.

O Produto Interno Cognitivo surge, nesse cenário, como uma nova forma de olhar para a criação de valor real em contextos complexos. Ele convida organizações, gestores públicos e estrategistas a formularem uma pergunta que parece simples, mas é radical: "Estamos pensando melhor? Ou só fazendo mais?"

Essa pergunta, quando levada a sério, muda tudo. Porque ela desloca o foco da entrega para a decisão. Do produto para o processo. Da execução para o raciocínio. E é aí que a IA se torna, finalmente, parte da solução — e não apenas um artifício técnico.

O PIC aponta para uma economia onde valor não se mede apenas pelo que se extrai, mas pelo que se conecta. Não pelo que se consome, mas pelo que se compreende. Não pela velocidade com que se cresce, mas pelo propósito com que se progride.

"A verdadeira riqueza surge ao pensar em rede, com intenção e propósito para gerar valor."

Essa mudança de lente altera o que se prioriza nas estratégias nacionais e organizacionais. Um país com alto PIB, mas baixa capacidade cognitiva institucional, torna-se vulnerável a decisões erráticas, crises mal geridas e políticas públicas que não aprendem. Já uma sociedade com alto PIC é mais capaz de antecipar desafios, conectar soluções e sustentar progresso.

Essa mudança de lente altera o que se prioriza nas estratégias nacionais e organizacionais. Um país com alto PIB, mas baixa capacidade cognitiva institucional, torna-se vulnerável a decisões erráticas, crises mal geridas e políticas públicas que não aprendem. Já uma sociedade com alto PIC é mais capaz de antecipar desafios, conectar soluções e sustentar progresso.

Nas empresas, o impacto também é direto. Quando o PIC se torna uma métrica de valor, o foco muda: projetos são avaliados pelo aprendizado que geram, não apenas pelo retorno imediato; times são reconhecidos pela qualidade de suas decisões, não apenas pela velocidade das entregas; e a IA deixa de ser custo ou modismo para se tornar catalisadora de raciocínio estratégico.

Com o tempo, essa economia cognitiva baseada em inteligência combinada vai mudando os indicadores, os relatórios, os dashboards. O que hoje está em rodapés de apresentações — "insights aprendidos", "percepções qualitativas", "comentários de IA" — passa a ocupar o topo. Porque fica claro que é ali que está o diferencial. É ali que se cria valor que não pode ser copiado, automatizado ou comprado.

Quando valor é inteligência: transformar o progresso

Chegamos ao fim deste capítulo com uma nova lente sobre a criação de valor. Ao longo das últimas páginas, vimos que o Produto Interno Cognitivo (PIC) não é apenas uma ideia teórica, mas uma proposta concreta para repensar a forma como sociedades, organizações e líderes avaliam seu progresso.

O PIC amplia o olhar econômico: valor passa a ser reconhecido não só pelo que se entrega, mas pelo modo como se pensa, decide, aprende e transforma. Essa mudança reposiciona a inteligência combinada — entre humanos e IAs — como o principal motor de riqueza sustentável.

Enquanto o PIB nos ensinou a medir o crescimento em blocos agregados de produção, o PIC convida a observar a evolução da consciência coletiva. Ele aponta para uma economia em que o valor emerge quando a tecnologia encontra propósito, a estrutura favorece pensamento e a cultura incentiva aprendizado.

E isso não exige grandes saltos. Basta começar com um ajuste de perspectiva. A seguir, proponho um exercício prático para aplicar os conceitos do PIC de forma imediata, em qualquer contexto profissional ou organizacional.

Convite final à prática

O objetivo deste exercício é promover um primeiro contato direto com a lógica do Produto Interno Cognitivo. Ele pode ser feito individualmente, em um time, ou como provocação para uma reunião estratégica.

Passo 1 – Escolha um processo, rotina ou projeto

Pense em uma atividade recorrente na sua equipe ou organização: uma tomada de decisão semanal, um fluxo de trabalho, um projeto em andamento.

Anote qual é o objetivo principal dessa atividade e quem está envolvido.

Passo 2 – Reflita sobre os aspectos cognitivos

Use as cinco dimensões do PIC como guia de observação. Para cada uma, responda brevemente:

- Há espaço para interpretação, questionamento e aprendizado durante o processo?
- A IA ou outros sistemas de apoio são usados de forma ativa ou apenas como suporte operacional?
- As decisões levam em conta diferentes visões ou são concentradas em poucos pontos?
- O que é aprendido é compartilhado e aplicado em ciclos seguintes?
- O valor gerado faz sentido para quem participa? Há propósito perceptível?

Você pode usar uma escala simples (baixo, médio, alto) ou apenas registrar impressões qualitativas.

Passo 3 – Identifique uma microevolução possível

Com base nas reflexões acima, escolha um único ajuste que aumentaria o PIC dessa atividade. Pode ser algo como:

- Usar IA para sugerir hipóteses antes de uma reunião decisiva;
- Criar um espaço de 10 minutos para reflexão antes de fechar entregas;

- Documentar não apenas o resultado, mas o raciocínio que levou até ele;
- Convidar um membro externo para trazer uma visão inesperada;
- Reorganizar as responsabilidades para favorecer decisões mais distribuídas.

A escolha não precisa ser complexa. Precisa apenas fazer sentido e ser simbólica.

Passo 4 – Experimente e observe

Implemente esse ajuste na próxima oportunidade e observe o que muda:

- A conversa muda de tom?
- Novas ideias surgem?
- As decisões ganham mais clareza?
- A IA passa a ter um papel mais estratégico?
- O time percebe mais valor no processo?

Repetir esse ciclo com regularidade é uma forma prática de criar inteligência combinada na vida real. E aos poucos, o PIC deixa de ser conceito e se torna cultura.

Capítulo 6

CAPÍTULO 6

Diagnóstico estratégico da cognição nas empresas

O que compõe o pensamento de uma organização?

Em muitas empresas, inteligência organizacional ainda é tratada como um conceito subjetivo, quase intangível. Fala-se em "capital humano", "experiência acumulada", "know-how interno", mas raramente se pergunta de forma direta: o que, de fato, essa organização é capaz de pensar?

Essa pergunta pode soar abstrata, mas está longe de ser filosófica. Ela é prática. Concreta. Estratégica. E responde a algo essencial: o que sustenta a qualidade das decisões, a velocidade do aprendizado e a relevância da inovação dentro de uma empresa.

A construção de um Índice de Cognição Corporativa (ICC) encontra respaldo em estudos como *Organizational learning. Organization Science* (Argote e Miron-Spektor 2011), que demonstram como organizações que tratam conhecimento como um ativo coletivo têm maior resiliência e capacidade de inovação. O ICC transforma essa lógica em estrutura de cognição empresarial.

Foi a partir dessa inquietação que nasceu o conceito de Índice de Cognição Corporativa (ICC). Ele não pretende medir tudo. Mas pretende iluminar uma zona negligenciada do funcionamento organizacional: a capacidade real da empresa de aprender com seus dados, combinar inteligências (humanas e artificiais), interpretar contextos e tomar decisões consistentes com seus princípios e objetivos.

Se aceitarmos que a cognição de uma organização não está apenas nos seus relatórios ou em seus líderes, mas no modo como ela integra informação, tecnologia e cultura para tomar decisões consistentes, então precisamos nos perguntar: como podemos medir isso?

O ICC é construído a partir de cinco componentes essenciais, que, juntos, formam a espinha dorsal da inteligência organizacional:

1. Qualidade da Decisão;
2. Distribuição da Cognição;
3. Integração de IA e Humanos;
4. Ritmo de Aprendizado Coletivo;
5. Coerência Cultural no Julgamento.

Esses cinco componentes não são apenas indicadores técnicos — são expressões de maturidade cognitiva. Eles mostram se a organização está operando no modo "reação" ou no modo "interpretação"; se está apenas executando ou também pensando enquanto faz.

Vamos analisá-los um a um.

1. Qualidade da Decisão

Toda organização decide. Mas poucas decidem bem de forma sistemática. Esse componente avalia o nível de clareza, fundamentação e consistência com que decisões são tomadas — desde o nível estratégico até o operacional. Uma organização com ICC elevado sabe justificar suas decisões não apenas com base em urgência, mas com base em raciocínio, dados e propósito.

2. Distribuição da Cognição

Esse é o oposto da centralização excessiva. Aqui, observamos quantas pessoas realmente participam do pensar organizacional. A empresa favorece a escuta ativa? Existem múltiplas perspectivas envolvidas na formulação de hipóteses? A inteligência está concentrada ou distribuída em diferentes pontos da rede?

Esse componente ajuda a identificar se a organização está tirando proveito da diversidade cognitiva que já possui — ou se está desperdiçando potenciais.

3. Integração de IA e Humanos

Com a chegada da inteligência artificial, surge uma nova fronteira: a qualidade da colaboração entre humanos e máquinas. Esse componente avalia se a IA está apenas acelerando tarefas ou se está sendo usada para expandir o raciocínio, testar hipóteses, enriquecer análises.

A maturidade cognitiva não está em usar IA como "muleta" — mas como parceira ativa da construção de sentido. O ICC observa como a IA está inserida no processo decisório: se está nos bastidores ou no centro do raciocínio coletivo.

4. Ritmo de Aprendizado Coletivo

Organizações cognitivamente maduras aprendem o tempo todo. Não só depois dos erros. Elas transformam entregas em reflexão, projetos em conhecimento, falhas em estrutura. Esse componente observa com que frequência a empresa formaliza seus aprendizados, compartilha insights e adapta processos.

Não se trata de quantidade de treinamentos. Trata-se de qualidade de reflexão. Uma cultura onde se aprende enquanto se faz.

5. Coerência Cultural no Julgamento

Esse último componente talvez seja o mais subjetivo — e o mais revelador. Ele diz respeito a quanto as decisões da empresa refletem sua cultura declarada. Uma organização que se diz centrada no cliente, mas decide com base em vaidade interna, não tem coerência cognitiva. Uma que valoriza inovação, mas pune tentativas, quebra seu próprio ciclo de aprendizado.

Este componente revela o grau de maturidade simbólica da cognição corporativa. Quando cultura e decisão se alinham, o ICC sobe — e a organização se torna mais legível, mais confiável, mais potente.

Esses cinco componentes são avaliados em conjunto, não isoladamente. Um bom nível de integração IA-humano, por exemplo, pode ser insuficiente se a cognição ainda for concentrada em poucas pessoas. Por isso, o ICC deve ser visto como uma composição viva, e não como uma soma de notas frias. Pois o ICC não é um diagnóstico apenas técnico — é um espelho cultural.

Como medir a cognição combinada de uma organização?

Uma das maiores forças do ICC é sua capacidade de trazer à tona o invisível. O raciocínio coletivo, os aprendizados recorrentes, a coerência simbólica — tudo isso costuma operar abaixo da superfície dos dashboards tradicionais. O ICC não tenta competir com essas ferramentas, mas sim oferecer uma nova camada de análise, essencial para organizações que desejam evoluir de forma inteligente.

Para tornar esse diagnóstico mais prático, o Índice de Cognição Corporativa (ICC) pode ser visualizado como um sistema de cinco camadas interdependentes, que representam os níveis onde a cognição se organiza e se manifesta.

MODELO DE CAMADA DO ICC

CAMADA 01 — **CULTURA COGNITIVA**

Crenças, símbolos e rituais que moldam o pensamento coletivo

CAMADA 02 — **INTEGRAÇÃO HUMANO-IA**

Nível de colaboração e fluidez entre talentos humanos e sistemas inteligentes

CAMADA 03 — **PROCESSOS DECISÓRIOS**

Como decisões são tomadas, validadas e distribuídas

CAMADA 04 — **INFRAESTRUTURA DE APRENDIZADO**

Ferramentas, rituais e espaços formais de reflexão e captura de conhecimento

CAMADA 05 — **APLICAÇÃO DO VCC**

Conexão entre raciocínio, propósito e impacto gerado

Esse modelo permite que as lideranças e times pensem a empresa não apenas como um conjunto de departamentos ou fluxos de tarefas, mas como um organismo cognitivo. Cada camada influencia as demais. Uma cultura que desestimula perguntas, por exemplo, compromete os processos decisórios, a aprendizagem, a colaboração com IA e, por fim, o próprio valor gerado.

Cada eixo pode ser avaliado por observação, por dados internos e, mais importante, por perguntas qualitativas que estimulam o autoconhecimento organizacional. O ICC, nesse sentido, não é uma ferramenta de auditoria, mas de tomada de consciência sobre o estado real da inteligência combinada da organização. Ele ajuda a equipe a ver o que está funcionando cognitivamente — e o que está se perdendo entre e-mails, egos e rotinas.

De acordo com Amy Edmondson, professora da Harvard Business School, o verdadeiro poder da organização está na capacidade de interpretar a realidade em tempo real e agir com sentido. Sem isso, até os melhores dados geram decisões fracas. Essa frase resume bem o papel do ICC. Ele não mede volume de conhecimento — mede a capacidade de transformar conhecimento em discernimento.

Empresas que tomam decisões complexas precisam de mais do que KPIs. Precisam de indicadores que revelem se estão enxergando o mundo com clareza. E essa clareza, na era da inteligência combinada, não vem da intuição solitária nem da IA isolada. Vem da interação consciente entre humanos e máquinas, mediada por contexto e valores.

É por isso que o ICC se conecta diretamente com o PIC (Produto Interno Cognitivo). O PIC representa o acúmulo e a expressão de inteligência combinada em um sistema. Já o ICC mostra como essa inteligência se manifesta na prática, dentro da organização. Um alimenta o outro. Um revela o potencial; o outro revela o uso.

Ao utilizar o ICC como lente, uma empresa começa a enxergar com mais nitidez onde estão suas forças e suas lacunas cognitivas. Algumas descobrem que têm ótima qualidade de decisão estratégica, mas pouco aprendizado coletivo. Outras percebem que usam IA extensivamente, mas sem criar reflexão crítica. Outras ainda reconhecem que têm cultura forte, mas decisões desalinhadas.

O importante não é o "placar". É a conversação que se inicia a partir dele. E essa conversação, se feita com coragem e abertura, pode reconfigurar o modo como a empresa pensa, aprende e age.

O ICC como bússola de alinhamento estratégico

O valor de um índice como o ICC não está apenas na sua capacidade de medir. Está, sobretudo, em sua capacidade de orientar. Em um mundo de complexidade crescente, onde decisões precisam ser tomadas em tempo real, a clareza cognitiva se torna tão valiosa quanto o capital financeiro.

O ICC atua como uma bússola para isso. Ele ajuda líderes a entenderem onde há inteligência operando bem e onde há ruídos, bloqueios ou dissonâncias. E, a partir desse mapa, torna possível criar intervenções mais precisas, mais humanas e mais estratégicas.

Tomemos um exemplo concreto: uma empresa que adota intensamente ferramentas de IA, mas que centraliza suas decisões em um comitê sênior. Apesar de parecer "moderna", essa organização pode estar operando com um ICC baixo. Por quê? Porque a cognição está concentrada. A IA está isolada da prática. E o aprendizado coletivo é esporádico, não contínuo.

Ao aplicar o ICC, essa empresa não apenas identifica essa fragilidade — ela entende por que suas decisões parecem lentas ou desalinhadas. E pode agir: treinando times para julgamento distribuído, redesenhando rituais de decisão, usando IA não apenas para acelerar tarefas, mas para ajudar pessoas a pensar juntas.

Outra aplicação recorrente do ICC é em fases de expansão ou transformação cultural. Nesses momentos, as tensões aumentam: equipes crescem, processos mudam, a identidade organizacional se redesenha. Nessas transições, o ICC serve como termômetro de coerência. Ele mostra se a cultura está sendo vivida ou apenas declarada. Se os raciocínios estão sendo alinhados ou dispersos. Se o crescimento está acontecendo com coerência — ou apenas com urgência.

Ao ser usado em ciclos, o ICC ainda permite acompanhar a evolução cognitiva da organização. O que antes era uma cultura de decisão intuitiva pode evoluir para uma cultura de raciocínio fundamentado. O que era um fluxo unilateral de informação pode se tornar um ecossistema de pensamento coletivo. Esses ganhos são reais — mesmo que não apareçam diretamente na planilha de resultados no curto prazo.

Mas talvez o uso mais transformador do ICC seja na formação de lideranças. Uma coisa é formar líderes para entregar resultados. Outra, bem mais poderosa, é formar líderes que sustentem ambientes cognitivos potentes.

O ICC ajuda a revelar quais lideranças estão operando apenas como gestores de tarefas e permite a criação de programas de desenvolvimento muito mais focados, além de facilitar o reconhecimento de talentos invisíveis, muitas vezes ofuscados por estruturas hierárquicas ou métricas tradicionais.

> ***"O valor de uma liderança está em cultivar ambientes onde decisões inteligentes e conscientes florescem em todos os níveis."***

Essa frase resume o espírito do ICC. Ele não é uma ferramenta de avaliação individual — ele é uma lente para enxergar a inteligência coletiva em ação. E, mais importante ainda, é um instrumento que transforma cultura em prática e valores em comportamento.

Com o tempo, organizações que usam o ICC de forma consistente desenvolvem algo raro: autoconsciência estratégica. Passam a se observar com mais profundidade. Sabem onde estão os vazamentos de atenção, os atalhos perigosos, os padrões que precisam ser quebrados. E passam a agir não apenas em reação, mas em intenção.

Não se trata de ter um "índice bonito para mostrar." Trata-se de criar uma cultura onde pensar bem juntos vira um hábito — não uma exceção. E esse hábito muda do clima à performance, da estratégia à inovação.

No fundo, o ICC não é um indicador isolado. Ele é o reflexo de uma mudança maior: a de que pensar corretamente - com IH e IA - virou vantagem competitiva. E, ao torná-lo parte do ciclo estratégico da empresa, a organização envia uma mensagem clara para dentro e para fora: aqui, pensar é parte do trabalho.

Convite final à prática

Este exercício é uma proposta de ativação simples do ICC, que pode ser feita em times de qualquer área ou nível. Recomenda-se aplicar em ciclos curtos (mensais, bimestrais) e de forma iterativa. Mais importante do que medir com precisão é criar um espaço de reflexão conjunta.

Passo 1 – Escolha uma decisão relevante

Peça ao time que escolha uma decisão importante tomada recentemente. Pode ser sobre um produto, um processo, uma escolha estratégica. O foco não está no resultado, mas no processo de pensamento.

Passo 2 – Reflita sobre as cinco camadas do ICC

Faça uma pergunta relacionada a cada uma das camadas do ICC. O mais valioso é perceber padrões. Há consistência entre o que dizemos e o que fazemos? Estamos pensando de forma clara ou reproduzindo hábitos?

Passo 3 – Identifique um ponto de evolução

Após a análise, o time escolhe um único componente para evoluir no próximo ciclo. Pode ser melhorar a participação na tomada de decisão. Ou incorporar uma ferramenta de IA no processo de análise. Ou tornar os aprendizados mais explícitos.

PARTE 03

DIMENSÃO ORGANIZACIONAL

Capítulo 7

CAPÍTULO 7

Do organograma ao organismo

REDES DE COGNIÇÃO CORPORATIVA

O organograma não pode mais explicar a organização

Durante décadas, o organograma foi considerado o retrato oficial de uma organização. Bastava olhar para aquela árvore com caixas e linhas para entender como o poder fluía, quem respondia a quem, onde cada decisão era tomada. Era a representação visual do controle.

Mas essa imagem, tão familiar em apresentações corporativas, já não dá conta da realidade. A maioria das organizações contemporâneas funciona muito além — e às vezes até à revelia — de seu organograma. Os fluxos de informação, as decisões reais, as colaborações mais produtivas, as dúvidas mais complexas... tudo isso se desenrola em redes informais, em mensagens rápidas, em canais paralelos, em conexões que não cabem em uma linha vertical.

A lógica do organograma carrega em si uma visão mecânica da empresa: entradas, processos, saídas. Funções bem definidas, fluxos controlados, coordenação centralizada. Essa estrutura funcionava — e ainda funciona — para tarefas repetitivas, estáveis, de baixa variabilidade.

Mas à medida que o contexto se torna mais incerto, as tecnologias mais complexas e os problemas mais interdependentes, as organizações passam a operar em uma camada que o organograma não captura: a camada da cognição.

E nessa camada, o que importa não é apenas quem manda em quem, mas quem pensa com quem. Quem aprende com quem. Quem raciocina junto para resolver dilemas que não têm respostas prontas.

O que define o valor de uma organização não é sua hierarquia formal — mas a inteligência que circula por seus vínculos.

Essa inteligência raramente é uniforme. Ela se concentra em alguns nós, escapa por certas brechas, se retrai em ambientes de medo e desconfiança, floresce onde há autonomia e propósito. Ela é fluida, orgânica, instável — e, por isso mesmo, precisa ser cultivada.

A metáfora do "organismo" vem ganhando força justamente porque oferece uma imagem mais fiel da realidade: a organização como um corpo vivo, onde diferentes sistemas operam em interdependência, onde a informação circula como sangue, onde a cognição se distribui como um sistema nervoso descentralizado.

Nesse modelo, o papel das lideranças muda. Elas deixam de ser pontos de controle para se tornarem nós facilitadores da inteligência combinada. Não gerenciam apenas tarefas — cuidam do ambiente onde o pensamento acontece. Criam as condições para que decisões emergentes surjam com mais qualidade e menos atrito.

Essa transição é visível em organizações que começaram a operar por redes: redes de aprendizado, redes de inovação e redes de decisão. Estruturas horizontais que se organizam em torno de problemas reais e não apenas de funções herdadas. Nelas, a autoridade vem menos do cargo e mais da contribuição cognitiva.

Claro que isso não significa anarquia. Estruturas formais ainda são importantes para alinhamento, clareza e accountability. Mas o que está mudando é a centralidade da estrutura. O organograma deixa de ser o centro do sistema e passa a ser apenas um de seus elementos.

O novo centro é o fluxo. E o que flui, em última instância, é inteligência. Inteligência combinada, atravessada por humanos e máquinas, ancorada em cultura, acelerada por dados, expandida por boas perguntas.

Existe uma corrida das empresas de tecnologia para criar "agentes de IA". São os bots, copilotos, assistentes que assumem tarefas específicas. Isso resolve problemas operacionais, mas não transforma a forma como a organização pensa. Um cérebro funcional reflete, integra e aprende com os humanos.

A diferença é estrutural. Agentes são especialistas isolados. Cérebros são sistemas compostos. Agentes otimizam tarefas existentes. Cérebros redesenham a inteligência da função em tempo real. Agentes têm escopo de atuação. Cérebros têm contexto organizacional.

O QUE O **ORGANOGRAMA ANTIGO** NÃO MOSTRA

ORGANOGRAMA TRADICIONAL	ORGANISMO VIVO
Cargos e departamentos	Núcleos cognitivos e funções vivas
Fluxos de poder	Fluxos de inteligência
Hierarquia vertical	Rede de aprendizagem adaptativa
Indicadores de controle	Indicadores de cognição (V^{cc}, F_r, Kc)
Comunicação formal	Interações simbólicas e contínuas

Essa forma de pensar a organização exige novas lentes. Lentes que permitam ver não apenas o que está sendo feito, mas como está sendo pensado. Lentes que ajudem a mapear não só os times, mas os raciocínios que se repetem, as decisões que travam, os aprendizados que escorrem.

E para isso, nasce a necessidade de uma nova forma de desenho organizacional: o mapa da cognição. Uma representação da forma como a organização aprende, decide e se transforma — muito além das linhas fixas de um organograma.

A empresa pensante: anatomia de uma estrutura viva

Quando dizemos que uma organização precisa se comportar como um organismo, a analogia não é apenas poética. Ela é funcional. Em um corpo vivo, as partes não operam de forma isolada. Elas se comunicam, se regulam, se adaptam. O sistema nervoso conecta tudo em tempo real. Há sensores, respostas, aprendizado. É assim que a vida se sustenta.

Agora imagine aplicar essa lógica à empresa. Em vez de áreas separadas por muros simbólicos, temos sistemas interdependentes. Em vez de uma "cabeça" que pensa e um "corpo" que executa, temos um campo distribuído de percepção e decisão. A inteligência se espalha.

Nesse modelo, surgem estruturas novas — e conceitos novos. Um deles é o que chamamos de redes de cognição corporativa. Elas são o tecido por onde a organização pensa. Elas ligam cérebros humanos, máquinas inteligentes, sistemas de informação e práticas culturais em um fluxo contínuo de interpretação, decisão e aprendizado.

DO ORGANOGRAMA AO ORGANISMO | ESTRUTURA COMPARATIVA

MODELO TRADICIONAL	MODELO ORGÂNICO
Linhas verticais de poder	Conexões multidirecionais
Departamentos estanques	Redes temáticas e fluidas
Decisão centralizada	Decisão distribuída
Informações em silos	Aprendizado em fluxo
Tarefas como foco	Raciocínio como ativo

Organizações que evoluem nessa direção começam a fazer perguntas diferentes:

- Onde estão nossos cérebros funcionais?
- Como nossas equipes pensam em conjunto?
- Quais são os gargalos cognitivos nos nossos fluxos?
- Onde está acontecendo aprendizado real — e onde está só a execução?
- Como a IA pode amplificar nossos raciocínios sem empobrecer nossa cultura?

Essas perguntas não são teóricas. Elas são estratégicas. São elas que vão determinar a capacidade de inovação, resiliência e relevância das empresas na próxima década.

Cérebros organizacionais: o pensamento distribuído

Toda organização possui uma inteligência coletiva. A questão não é se ela existe — mas se ela está sendo usada de forma intencional. Quando essa inteligência é negligenciada, ela se fragmenta. Quando é fortalecida, ela se transforma no maior ativo estratégico da empresa.

É aqui que entra um conceito central para a transição do organograma ao organismo: o Cérebro Organizacional. Diferente da diretoria ou do board, esse cérebro não está localizado em um cargo específico. Ele é a camada viva de cognição que emerge da interação entre pessoas, tecnologias, dados, decisões e cultura. Ele pensa. Ele erra. Ele aprende.

Identificar esse cérebro — e nutri-lo — é uma das missões mais importantes da liderança contemporânea. E isso não acontece com uma nova planilha. Acontece com um novo olhar. Um olhar que busca compreender como as ideias se formam, onde os aprendizados se acumulam, por onde o discernimento circula.

Esse cérebro coletivo não é homogêneo. Ele contém zonas mais densas e zonas mais frágeis. Núcleos de pensamento e áreas de silêncio. Em algumas empresas, o marketing é onde se reflete mais estrategicamente. Em outras, a área jurídica opera com mais sensibilidade social do que o RH. O pensamento não respeita fronteiras funcionais — ele floresce onde encontra fertilidade.

A IA pode ajudar a mapear essa topografia cognitiva. E pode também atuar como conector, provocador e amplificador de ideias. Mas ela nunca substitui o elemento central do cérebro organizacional: a consciência compartilhada. Essa consciência nasce da combinação entre clareza de propósito, liberdade de expressão e disposição ao aprendizado conjunto.

Quando esse estado é alcançado, o trabalho deixa de ser uma soma de esforços isolados. Ele se torna um campo de pensamento distribuído. As decisões passam a refletir múltiplas visões. Os aprendizados ganham velocidade. A cultura se torna um agente ativo — e não apenas um discurso institucional.

Essa forma de operar desafia a lógica tradicional. Porque nela, a liderança não é mais definida pela posição, mas pela capacidade de sustentar raciocínios coletivos.

O líder deixa de ser apenas o tomador de decisões e passa a ser o orquestrador de inteligências combinadas. Ele também facilita conversas, promove clareza, expande perguntas. Trabalha não apenas para entregar resultados — mas para garantir que a organização aprenda com os caminhos que percorre — gerando mais resultados.

Essa mentalidade precisa ser refletida nas estruturas. Equipes mais autônomas, fluxos mais flexíveis, sistemas mais abertos ao feedback. E, acima de tudo, um compromisso explícito com o fortalecimento da cognição coletiva.

Em muitas empresas, o conhecimento ainda circula por e-mail, vive em planilhas pessoais ou se perde quando alguém muda de área.

A transformação cognitiva não exige tecnologias de ponta — exige intenção organizacional.

É possível iniciar essa jornada mapeando os principais fluxos de decisão e identificando onde há ruído, repetição ou esquecimento. Cada pequeno ajuste desses fluxos pode ser a semente de novos cérebros funcionais.

Organizações Cognitivas, ao invés de correrem para apagar incêndios, aprendem a antecipar padrões. Em vez de responder a pressões externas, constroem coerência interna. Em vez de seguir tendências cegamente, constroem posicionamento a partir da inteligência do todo.

Esse não é um modelo idealista. É um modelo estratégico. Porque empresas que pensam melhor, decidem melhor. E empresas que decidem melhor, entregam mais valor — não só financeiro, mas social, simbólico, humano.

Esse é o convite do capítulo: redesenhar a empresa não a partir do que ela faz, mas do que ela pensa. E usar a IA não para substituir esse pensamento — mas para libertá-lo, ampliá-lo, regenerá-lo. O próximo passo é entender como essa inteligência distribuída se manifesta na prática — e como os chamados Cérebros Funcionais ajudam a dar forma a ela nas funções do dia a dia.

O mapa das inteligências: como os cérebros funcionais moldam a rede de cognição

Se o Cérebro Organizacional é o campo vivo de cognição coletiva, os Cérebros Funcionais são suas manifestações localizadas. São unidades cognitivas especializadas, associadas a papéis, funções ou áreas específicas da empresa. Eles organizam o conhecimento, amplificam a tomada de decisão e atuam como núcleos de inteligência combinada no cotidiano.

Esses cérebros não são metáforas — são estruturas reais, compostas por três elementos:

1. **Humano responsável** pela função, que traz experiência, julgamento e sensibilidade.
2. **IA funcional**, conectada a fluxos de informação e ferramentas de apoio cognitivo.
3. **Base de conhecimento**, com processos, aprendizados, contextos e critérios que guiam a função.

Juntos, esses três elementos formam um circuito. O humano interage com a IA, que acessa e organiza o conhecimento. Essa interação não é estática: ela evolui com o tempo, incorporando feedback, refinando hipóteses, aprendendo com os próprios erros.

O resultado é uma função que pensa com mais profundidade, decide com mais consciência e colabora com mais fluidez, guiando e sendo guiada por IA. E quanto mais cérebros funcionais forem ativados, mais denso e ágil se torna o Cérebro Organizacional como um todo.

Esse modelo substitui a lógica linear do organograma por uma lógica de sinapses. O valor está nas conexões, não apenas nas funções. E essas conexões precisam de infraestrutura — técnica, relacional e cultural.

Do ponto de vista técnico, significa integrar ferramentas de IA que realmente acompanhem o fluxo de trabalho. Não basta usar a IA para automatizar tarefas periféricas. É necessário trazê-la para o centro do processo cognitivo: levantamento de hipóteses, construção de cenários, recomendação de decisões, refinamento de critérios.

Do ponto de vista relacional, significa criar confiança entre humano e IA. O colaborador precisa enxergar a IA não como substituta, mas como parceira ampliadora. Isso exige transparência, previsibilidade e senso de agência: é o humano quem continua fazendo o juízo final — agora com mais informação e suporte contextual.

Essa diferenciação é ainda mais crítica diante do avanço dos chamados "agentes de IA", projetados para operar de forma autônoma. Enquanto agentes visam executar tarefas isoladas, os Cérebros Funcionais operam com cognição conjunta, propósito, curadoria e supervisão humana.

Para ilustrar essa distinção fundamental — e evitar a armadilha da substituição humana —, veja a comparação abaixo:

AGENTES DE IA VS CÉREBROS FUNCIONAIS

DIMENSÃO	AGENTES DE IA	CÉREBROS FUNCIONAIS
FUNÇÃO PRINCIPAL	Executar tarefas específicas com base em comandos	Pensar junto com humanos, contextualizando decisões com inteligência combinada
LÓGICA DE VALOR	Substituição de trabalho humano	Ampliação da capacidade cognitiva das funções humanas e organizacionais
AUTONOMIA	Alta automação com baixa supervisão humana	Supervisão simbólica constante, com curadoria e intenção humana
MEMÓRIA E CONTEXTO	Usa dados locais e momentâneos	Aprende com memória viva, histórico simbólico e cultura organizacional
CAPACIDADE ADAPTATIVA	Limitada ao que foi programado ou treinado previamente	Evolui com o sistema, se adapta ao raciocínio coletivo em tempo real
INTEGRAÇÃO COM O TODO	Atua como unidade isolada	Faz parte de um ecossistema cognitivo interdependente (SCO)
FOCO NO RESULTADO	Eficiência, resposta rápida, execução	Clareza, discernimento, raciocínio coletivo e aprendizado contínuo
RELAÇÃO COM HUMANOS	Opera para humanos	Opera com humanos — como parceiro cognitivo
RISCO SIMBÓLICO	Anestesia do pensamento humano, infantilização da decisão	Exige protagonismo humano, estimula responsabilidade e maturidade

A substituição do trabalho humano por agentes de IA pode parecer economicamente eficiente no curto prazo — mas no longo prazo, ela é ontologicamente insustentável. Não existe economia sem humanos. Sem desejo, sem vínculo, sem decisões humanas, não há consumo, nem cultura, nem valor simbólico.

Os humanos são a origem e o destino da economia. Pensar em resolver essa disfunção com renda básica universal é apenas adiar o problema: trata os sintomas da exclusão, mas não oferece reinserção simbólica no ciclo produtivo e cognitivo. O verdadeiro desafio é manter a relevância humana.

A entrada da IA nas organizações não precisa seguir um caminho padrão. Embora muitos cedam à tentação de começar agentes automatizados, isso não é pré-requisito para construir uma inteligência combinada. O mais importante é entender que não é preciso passar pelos agentes para chegar aos cérebros funcionais. É possível começar certo desde o início: com uma arquitetura onde a IA não apenas faz, mas pensa junto — e aprende com os humanos.

Para facilitar a adoção dessa abordagem por diferentes tipos de organizações, podemos visualizar três camadas práticas de implantação de IA:

CAMADAS PRÁTICAS DE **IMPLANTAÇÃO DE IA**

NÍVEL	FOCO PARA O CLIENTE	CONCEITO EMBUTIDO
01 OPERAR COM IA	Automatizar e otimizar processos	Agentes, copilotos, integrações
02 PENSAR COM IA	Tomar decisões com mais clareza	Cérebros funcionais, SCO
03 EVOLUIR COM IA	Aprender como organização	Vcc, Kc, inteligência combinada

Essa estrutura permite que empresas iniciem de forma simples, mas com uma visão clara de evolução. Porque não basta usar IA – é preciso evoluir com ela.

Do ponto de vista cultural, implantar IA significa promover uma mentalidade onde pensar é parte do trabalho – e não um luxo reservado a poucas funções. Isso precisa estar explícito nos rituais das organizações, nos feedbacks, nos reconhecimentos. Um cérebro funcional bem estruturado começa a oferecer mais do que respostas – oferece interpretações. Quando o raciocínio é bem estruturado, ele floresce.

Como criar seu primeiro Cérebro Funcional:

- Escolha uma função crítica na sua empresa (ex: onboarding, vendas, atendimento).
- Levante os documentos, manuais, decisões, aprendizados existentes.
- Treine um LLM com esses dados (via RAG, embedding ou fine tuning).
- Defina quais perguntas esse cérebro deve responder.
- Insira IA nas rotinas de trabalho e aprendizado do time e colha feedbacks.

Essa transformação organizacional não requer grandes revoluções. Requer intenção. Uma decisão por vez. Um mapeamento por semana. Um novo hábito de aprender, integrar e ajustar. Quando o ciclo se estabiliza, a empresa muda – porque seu modo de pensar muda.

Um time financeiro com uma IA aprende com padrões internos e começa a identificar riscos e oportunidades antes que eles apareçam nos relatórios. Um time de produto integra conhecimento de usuários com IA generativa começa a antecipar demandas com mais empatia e precisão. Ambos supervisionam o *output* da IA, garantindo coerência e significado.

Esses exemplos são reais possíveis em qualquer contexto. O segredo está em pensar as funções como cérebros dinâmicos, e não como caixas operacionais. Ao fazer isso, a empresa ganha plasticidade cognitiva. E plasticidade, no mundo atual, é vantagem evolutiva.

O Sistema Cognitivo Organizacional (SCO) é o ambiente onde o conhecimento deixa de simplesmente ser armazenado para ser orquestrado. Onde a tarefa deixa de ser apenas automatizada por um agente e passa a ter significado. Ele é a estrutura viva que permite que inteligência se transforme em cultura, memória em aprendizado e decisão em vantagem.

Governança cognitiva: da estrutura formal à fluidez estratégica

Uma organização que opera como um organismo precisa de mais do que boas conexões — precisa de um sistema de governança cognitiva. Ou seja, um modelo que não apenas distribua autoridade formal, mas que orquestre a inteligência distribuída. Essa governança não se limita a diretrizes e cargos: ela envolve o desenho dos fluxos de pensamento, das decisões e dos aprendizados.

Governar em rede não significa abrir mão de controle. Significa mudar a natureza do controle. Em vez de controlar pessoas, controla-se a qualidade das interações. Em vez de centralizar decisões, coordena-se a geração de critérios. Em vez de buscar conformidade, cria-se discernimento coletivo. O papel da IA, nesse cenário, é organizar e redistribuir inteligência.

Na prática, isso implica em revisitar os três eixos principais da governança organizacional: direção, decisão e desenvolvimento.

Direção é o eixo do propósito e da visão. Em um modelo cognitivo, não se define tudo no topo e repassa-se para baixo. Define-se o que não muda — os princípios, a intenção, os valores — e se cria espaço para que diferentes partes da organização interpretem esses elementos à luz de suas realidades.

Esse modelo não enfraquece a coerência — pelo contrário. Ele fortalece o alinhamento. Times que compreendem o "porquê" das coisas conseguem adaptar o "como" com mais inteligência. E a IA pode ajudar aqui também: analisando dados culturais, padrões de comportamento e narrativas internas, ela oferece insumos para que a liderança atue de forma mais conectada.

Decisão é o eixo da autonomia distribuída. Em um organismo, decisões não são concentradas em um único ponto — elas emergem de múltiplos sinais. O mesmo vale para empresas cognitivas. Elas criam mecanismos para que decisões possam ser tomadas o mais próximo possível da ação — com responsabilidade, contexto e suporte.

Isso não significa ausência de critérios. Significa que os critérios são compartilhados. Todos sabem o que é um bom julgamento. Todos têm acesso às premissas. Todos compreendem os riscos. E mais uma vez, os cérebros funcionais entram em cena, oferecendo ferramentas, dados e simulações que qualificam a escolha.

Desenvolvimento é o eixo da aprendizagem contínua. Se a estrutura clássica via o desenvolvimento como uma atividade paralela (os "treinamentos"), a organização vê o desenvolvimento como parte do fluxo. Aprender é inseparável de fazer. A cada entrega, uma reflexão. A cada erro, uma hipótese. A cada ciclo, uma melhoria.

Aqui, a governança cognitiva propõe rituais que aumentam a consciência combinada. Revisões que não olham apenas para números, mas para raciocínios. One-on-ones que investigam não só desempenho, mas evolução da autonomia. Retrospectivas que não mapeiam só o que foi feito, mas o que foi pensado, com apoio, revisão e auxílio de IA.

Por isso, a inteligência artificial tem um papel-chave nesse eixo. Ao observar como os times pensam (não só o que produzem), ela ajuda a criar trilhas personalizadas de desenvolvimento. Aponta onde há redundância, onde há falhas cognitivas, onde há sinais de esgotamento. Em vez de esperar uma avaliação anual, a IA transforma o aprendizado em algo contínuo e adaptativo.

Quando os três eixos — direção, decisão e desenvolvimento — operam com base na cognição, a organização entra em um estado de coerência dinâmica. Ela é capaz de agir com agilidade sem perder sua essência. De inovar com consistência. De crescer sem se desconectar de seus princípios.

Essa fluidez estratégica não elimina os frameworks clássicos. Mas os reposiciona. OKRs, KPIs, mapas de processos — todos eles ganham novo valor quando são colocados a serviço da cognição. Quando não se tornam um fim em si, mas uma ferramenta de pensamento.

O mesmo vale para os líderes. Eles continuam tomando decisões. Mas deixam de ser apenas tomadores de decisão. Tornam-se estrategistas organizacionais. Sabem que uma boa decisão não depende só de quem decide, mas de quem pensou antes, de como os dados foram lidos, de como os aprendizados foram integrados.

Esse tipo de liderança não se forma da noite para o dia. Ela se constrói em ambientes onde a escuta é praticada, a reflexão é encorajada e a IA é vista como colaboradora da clareza — não como ameaça à autonomia.

De estruturas fixas aos sistemas organizacionais vivos

Chegamos ao ponto em que a metáfora se transforma em método. O que começou como uma provocação — "e se a organização fosse um organismo?" — agora se mostra como um novo paradigma de estrutura, cultura e estratégia.

Uma organização que opera como um organismo vivo não depende mais da rigidez do organograma para funcionar. Ela pensa com todos os seus pontos de contato. Aprende a cada ciclo. Decide com inteligência combinada. Reconfigura sua forma com base no que sente, observa e interpreta.

Essa transformação pode parecer ambiciosa. Mas começa de forma simples: com intenção e com prática. Nenhuma empresa vira um organismo em um planejamento trimestral. Mas qualquer empresa pode iniciar a transição cognitiva agora, a partir de decisões pequenas que mudam a forma como o trabalho é pensado.

Na essência, trata-se de reconhecer que estruturas não existem para controlar, mas para permitir. E que uma boa estrutura é aquela que dá suporte à inteligência do coletivo, sem sufocar sua espontaneidade.

Lideranças conscientes sabem disso. E começam a desenhar seus times, seus processos e seus rituais com base em uma nova pergunta: "O que essa organização precisa saber e ser capaz de pensar para cumprir sua missão no mundo?"

Essa pergunta muda tudo. Muda como se contrata. Como se treina. Como se organiza. Como se integra IA. Como se toma decisão.

E ela não exige uma resposta única. Exige um movimento constante de observação e ajuste. Uma escuta ativa da inteligência em rede que a organização é capaz de gerar — e de regenerar.

Essa escuta começa com um gesto simples: mapear a cognição real da organização. Quem são os nós mais ativos? Onde estão os silos invisíveis? Onde a IA pode ajudar a expandir e onde precisa ser introduzida com mais cuidado? Quais são os cérebros funcionais que já operam — mesmo sem esse nome — e quais ainda precisam ser criados?

Responder a essas perguntas é iniciar o processo de se tornar uma empresa que pensa. Que não apenas responde ao mercado, mas constrói visão a partir de sua inteligência interna.

Esse capítulo foi um convite à mudança estrutural. Mas antes de mudar a estrutura externa, é preciso mudar o jeito de olhar para ela. É por isso que encerramos com um exercício que ajuda a dar os primeiros passos rumo à ativação da cognição organizacional.

Convite final à prática

Este exercício foi criado para ajudar equipes, lideranças e organizações inteiras a identificar e ativar seus próprios sistemas cognitivos internos. Pode ser feito individualmente ou em grupo, com ou sem IA, adaptado para qualquer escala.

Passo 1 – Liste as decisões mais relevantes do último trimestre

Reúna os principais pontos de decisão da sua equipe ou organização. Não importa o nível: podem ser decisões operacionais, estratégicas, de produto ou cultura. O importante é que tenham exigido discernimento.

Passo 2 – Mapeie quem pensou sobre cada uma delas

Ao lado de cada decisão, escreva:

- Quem participou da construção da decisão?
- Que tipo de informação foi usada?
- Alguma IA foi utilizada no processo?
- O que foi aprendido com a escolha feita?

Esse exercício ajuda a revelar os caminhos reais da cognição. Muitas vezes, decisões são tomadas por poucos, com pouca diversidade de perspectiva e sem uma estrutura clara de aprendizado.

Passo 3 – Identifique núcleos de pensamento recorrentes

Observe padrões. Há pessoas que aparecem com frequência nas decisões estratégicas? Existem áreas que operam como polos de discernimento? Essas são pistas dos cérebros funcionais já existentes.

Também é possível identificar zonas de silêncio — funções que executam, mas não decidem; áreas que produzem, mas não refletem. Essas zonas são oportunidades de ativação cognitiva.

Capítulo 8

CAPÍTULO 8

Evolução das organizações guiadas por IA

Toda organização é uma arquitetura de pensamento

Imagine uma empresa como um edifício. Mas em vez de concreto e aço, ela é feita de decisões. Cada área é um ambiente onde se pensa de um jeito. Cada processo é um corredor por onde as ideias circulam. Cada reunião é uma sala onde se combina raciocínio, experiência e dados. As conexões entre esses espaços formam a planta da inteligência organizacional — uma arquitetura da cognição.

Essa arquitetura, no entanto, nem sempre é visível. Ela não aparece no organograma. Mas pode ser sentida: na forma como os times tomam decisões, no tempo que uma ideia leva para se transformar em ação, nos ruídos entre dados e estratégia. Algumas organizações funcionam como prédios bem ventilados, com circulação fluida de inteligência. Outras parecem labirintos — cheias de portas trancadas, salas escuras e corredores onde a informação se perde.

Na Economia Guiada por IA, essa arquitetura de pensamento ganha uma nova dimensão: agora, a inteligência artificial ocupa espaços internos nesse edifício. Ela pode estar no centro da sala de operações, ajudando a priorizar tarefas. Pode estar ao lado do RH, antecipando necessidades de desenvolvimento. Pode estar nos bastidores da diretoria, apoiando simulações de cenários estratégicos.

Mas se a estrutura for rígida, verticalizada e opaca, a IA se torna um adereço isolado. O verdadeiro potencial só emerge quando a organização inteira é redesenhada para pensar melhor — com IA integrada aos fluxos humanos.

Não basta colocar a IA como ferramenta. O desafio agora é estruturar organizações onde a inteligência seja parte da infraestrutura. Isso exige pensar a empresa como um sistema cognitivo. Um organismo onde dados fluem, interpretações se conectam e decisões são construídas colaborativamente — entre pessoas, algoritmos e contextos.

Essa mudança é mais profunda do que parece. Não se trata de adotar uma tecnologia. Trata-se de repensar como o trabalho é estruturado para produzir inteligência. Cada função, cada equipe, cada rotina deve ser vista como uma engrenagem dentro de uma arquitetura maior. A pergunta-chave muda de "quem faz o quê?" para "quem pensa com quem — e como?"

CAMADAS DA **ARQUITETURA COGNITIVA ORGANIZACIONAL**

CAMADA 01 — **CAPTURA DE DADOS E SINAIS**

Origem: interações, sistemas, sensores

CAMADA 02 — **PROCESSAMENTO COM IA**

Padrões, simulações, geração de insights

CAMADA 03 — **INTERPRETAÇÃO HUMANA**

Julgamento, sentido, prioridade

CAMADA 04 — **DECISÃO COLABORATIVA**

Interações, sistemas, sensores

CAMADA 05 — **AÇÃO E APRENDIZADO CONTÍNUO**

Execução, feedback, iteração inteligente

Cada uma dessas camadas é essencial — mas é na integração entre elas que o valor emerge. Quando os dados não chegam, a IA trabalha no escuro. Quando o insight gerado pela IA não é interpretado por humanos, ele morre na planilha. Quando a decisão não envolve colaboração, o aprendizado se fragmenta.

Por isso, pensar a organização como uma arquitetura cognitiva é mais do que uma metáfora. É um exercício prático de redesenho da forma como se trabalha. Uma forma de alinhar estrutura, cultura e inteligência. Essa nova forma de pensar leva a uma pergunta instigante: e se o organograma tradicional estiver nos atrapalhando a pensar com mais potência?

Boa parte dos modelos de gestão ainda baseia sua estrutura em especializações estanques, áreas separadas por funções rígidas e uma cadeia de decisão vertical. Mas a IA não respeita fronteiras funcionais. Ela opera por padrões, contexto e conexões. E se quisermos tirar proveito disso, precisamos criar organizações que operem da mesma forma: por fluxos, relações e redes de cognição.

Você não precisa redesenhar toda sua empresa de uma vez para ativar inteligência combinada. Pode começar com um único processo: onboarding de novos colaboradores, planejamento de campanhas, tomada de decisão orçamentária.

Basta perguntar: 'Como este processo poderia pensar melhor com apoio de IA e memória organizacional?' Quando a IA entra para pensar com as pessoas — e não apenas fazer por elas — nasce assim o embrião núcleo de inteligência combinada.

Pois, a ideia não é abandonar o que funciona. É estabelecer estruturas que pensam juntas, com inteligência combinada no centro da ação.

Os papéis mudam quando a inteligência se distribui

Durante muito tempo, o valor de uma função organizacional estava em sua especialização. O marketing sabia comunicar, o financeiro sabia medir, o jurídico sabia proteger. Cada área era uma caixa, e dentro de cada caixa havia um conjunto de tarefas, competências e decisões esperadas.

Mas quando a IA entra nesse cenário, as caixas perdem o contorno. Porque a inteligência combinada não se limita à função — ela emerge nas conexões. Um insight relevante nasce quando o marketing interpreta padrões de comportamento que o time de produto ainda não enxergou. Ou quando a IA do financeiro sugere riscos que afetam a estratégia da operação.

É nesse ponto que a arquitetura da cognição começa a substituir o organograma. Não se trata de apagar as funções — mas de compreender que o valor real não está mais apenas no que cada um faz, e sim em como pensam juntos.

Organizações que continuam operando com funções isoladas, e esperam que apenas um time "use a IA", acabam gerando gargalos e desperdícios cognitivos. A inteligência se acumula em bolsões — mas não circula. E inteligência que não circula, não transforma. Em vez de departamentos isolados, começamos a pensar na organização com funções cognitivas, onde cada uma é um nó em uma rede interativa.

MAPA DE **FUNÇÕES COGNITIVAS INTERCONECTADAS**

Cada conexão é um fluxo onde a IA pode atuar como processador ou amplificador do raciocínio humano.

Esse tipo de mapa ajuda a pensar diferente. Em vez de perguntar "quem faz?", passamos a perguntar: "quem pode pensar junto com quem, com o apoio da IA, para resolver isso melhor?"

Esse novo desenho organizacional não exige que todos saibam programar ou criar modelos. Mas exige que todos desenvolvam fluência cognitiva — ou seja, a capacidade de entender, colaborar e tomar decisões junto com sistemas inteligentes.

Papéis organizacionais deixam de ser posições — passam a ser funções cognitivas

Essa mudança traz um insight poderoso: o que chamávamos de cargo agora pode ser entendido como uma função cognitiva dentro do sistema.

Por exemplo:

- Um analista de dados não é só quem prepara dashboards. Ele é parte da função de interpretação de sinais estratégicos.
- Um gerente de projeto não é só quem organiza entregas. Ele participa da função de orquestração de inteligências.
- Um coordenador de atendimento não é só quem resolve chamados. Ele é um nó da função de construção de experiência e feedback cognitivo.

Pensar assim muda tudo. Porque desloca o foco de tarefas para inteligência aplicada. E permite redesenhar equipes não por área, mas por fluxo cognitivo — por como a inteligência se conecta, aprende, ajusta e entrega.

Em organizações com esse nível de maturidade, a IA não é uma "tecnologia da TI". Ela é parte da estrutura invisível que liga tudo, como uma camada de raciocínio compartilhado entre diferentes mentes — humanas e algorítmicas.

Um erro comum nesse processo é tentar criar grandes reformas estruturais, imaginando que a nova organização surgirá de um novo desenho formal. Mas estruturas realmente cognitivas não se desenham como máquinas. Elas emergem como ecossistemas.

Elas crescem onde há liberdade para pensar junto. Onde times podem experimentar, onde os dados fluem, onde as pessoas se sentem seguras para combinar intuição com algoritmo.

Por isso, o desafio real não é apenas organizacional — é cultural. Criar as condições para que uma nova arquitetura de pensamento se revele com o uso.

> ***"A organização do futuro será a que melhor se adaptou à IA — a que melhor pensou com ela."***

Organismos cognitivos: quando a empresa aprende com o próprio funcionamento

Uma organização verdadeiramente inteligente não é aquela que tem um supercomputador no centro. É aquela que aprende com o que faz, com o que erra, com o que pergunta — e que transforma tudo isso em ajuste dinâmico. Ela não precisa prever todos os cenários. Ela precisa saber se reorganizar quando o cenário muda.

Esse é o princípio dos organismos cognitivos adaptativos. Empresas que, como sistemas vivos, sentem, processam, reagem e se transformam continuamente. Elas aprendem não só com dados, mas com experiência. Tomam decisões baseadas em contexto, e não apenas em regra. Criam inteligência não por imposição, mas por experimentação.

Nesse tipo de estrutura, a IA é mais do que suporte — é parte do tecido vivo que permite à organização sentir e pensar.

Diferente de modelos lineares, a maturidade cognitiva não cresce em linha reta. Ela se desenvolve em ciclos espiralados, onde cada volta aprofunda a integração entre pessoas, tecnologia e cultura. A seguir, um modelo para representar esse movimento:

ESPIRAL DA **MATURIDADE COGNITIVA ORGANIZACIONAL**

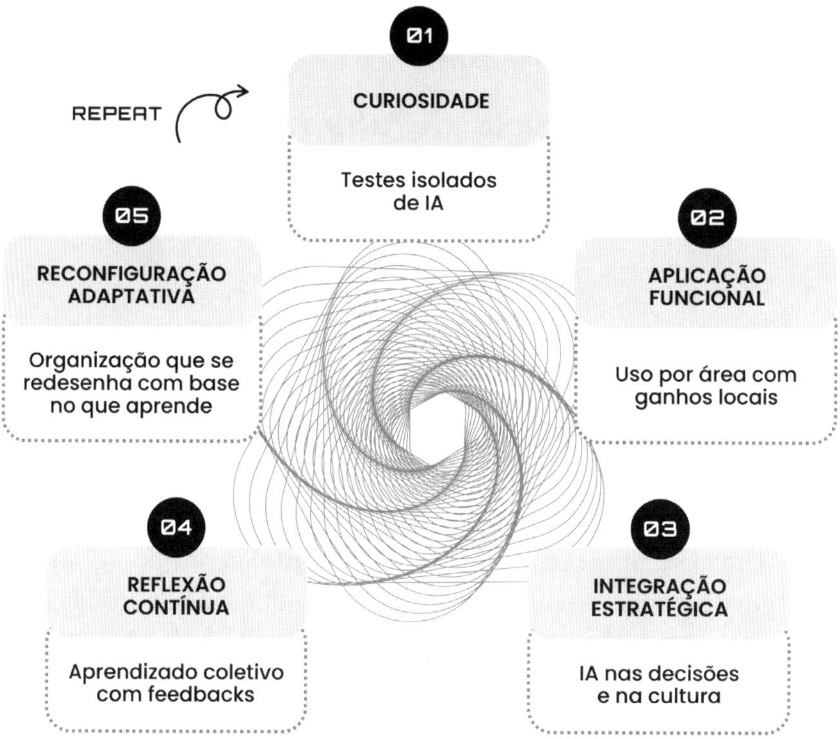

Esse ciclo não termina. Ele se repete, cada vez com mais sofisticação. Organizações maduras cognitivamente não têm medo de voltar à etapa 1, porque sabem que aprender é o novo operar.

Empresas como essas possuem times que fazem perguntas melhores, líderes que sabem escutar os dados, sistemas que provocam reflexão. E, acima de tudo, uma cultura onde errar é interpretado como parte do processo de refinar inteligência.

De acordo com Satya Nadella, CEO da Microsoft, o que diferencia as organizações não é a tecnologia em si, mas a capacidade de aprender mais rápido que a concorrência.

Não é possível construir uma arquitetura cognitiva adaptativa sem alinhar cultura e estrutura. Não basta criar squads, labs ou rituais de inovação, se a mentalidade ainda está presa a hierarquias rígidas ou ao medo do erro.

Em empresas adaptativas, a cultura não é "do RH". É um produto do que acontece entre as pessoas — e das condições criadas para que pensar junto com a IA seja algo natural, cotidiano e respeitado.

Essas organizações:

- Escutam a IA sem endeusá-la;
- Validam hipóteses com dados, mas também com experiência real;
- Permitem que decisões sejam revisitadas à luz de novos aprendizados;
- Têm memória organizacional que aprende com ela mesma.

Isso transforma profundamente o papel da liderança. O líder não é mais o centro de decisão — é guardião da plasticidade cognitiva do time. Garante que o ambiente não congele, que os fluxos não enrijeçam, que o pensamento não se isole.

Os pesquisadores Chris Argyris e Donald Schön, pioneiros no estudo do aprendizado organizacional, diferenciaram dois tipos fundamentais de aprendizagem: o aprendizado de loop simples, voltado para corrigir erros dentro dos modelos existentes, e o de loop duplo, que questiona os próprios pressupostos que guiam as decisões.

Em uma Economia Guiada por IA, essa distinção se torna ainda mais relevante. A inteligência combinada não deve apenas ajudar as organizações a fazerem melhor o que já fazem — ela deve permitir que repensem o que fazem e por quê.

Quando a IA é usada apenas para otimizar processos existentes, ela reforça padrões. Mas quando inserida em ciclos de reflexão estratégica, ela ajuda a desafiar crenças obsoletas e revelar caminhos que antes não eram visíveis. O verdadeiro valor cognitivo surge quando humanos e máquinas aprendem não apenas a corrigir, mas a reconfigurar sistemas.

> ***"Uma empresa inteligente não é a que planeja melhor — é a que aprende melhor."***

Essa frase ecoa o espírito deste capítulo: arquiteturas que pensam não são desenhadas em PowerPoint — elas são estabelecidas na prática, no dia a dia organizacional. Em ambientes que sentem, raciocinam e evoluem. Onde a IA não é uma assistente de respostas prontas, mas uma inteligência aprendente móvel. Onde os humanos continuam no centro — não para controlar, mas para dar sentido.

Organizações que já pensam como sistemas cognitivos

Não é preciso imaginar o futuro para ver empresas operando com princípios de arquitetura cognitiva. Em diferentes graus, organizações em todo o mundo já estão abandonando estruturas rígidas para adotar formas mais fluidas, interativas e inteligentes de pensar — com a IA como catalisadora e o humano como curador da experiência.

Algumas partem da tecnologia e chegam à cultura. Outras começam pela cultura e encontram na IA uma parceira natural. Algumas são grandes corporações em reinvenção. Outras, startups que já nascem com a lógica da inteligência combinada no DNA.

O importante não é o tamanho nem o setor. É como se desenha o fluxo da inteligência — e a disposição para permitir que a estrutura evolua com o uso.

Cases ilustrativos

1. A Edtech que aprende com o erro

Uma edtech de médio porte implementou IA para personalizar trilhas de aprendizado corporativo. No início, o sistema só recomendava conteúdos com base em cargo e setor. Mas o time de produto percebeu que as decisões da IA estavam muito "frias" — não captavam o contexto emocional ou motivacional dos aprendizes.

O time, então, passou a inserir miniperguntas no início de cada módulo: "Como você está se sentindo hoje?", "O que você espera desse conteúdo?" Com isso, a IA passou a adaptar não só o que recomendar, mas como recomendar. E mais: esse insight foi compartilhado com o time de onboarding, que passou a usar a mesma lógica nos treinamentos internos.

O que parecia uma automação se transformou em uma nova camada de sensibilidade cognitiva distribuída. E a arquitetura se reorganizou: o time de dados passou a trabalhar junto com o de conteúdo, e o RH virou parceiro do produto — criando um circuito de inteligência em rede.

2. A organização simbólica que pensa em rede

Imagine uma organização, que nasceu com o propósito de combinar IA e criatividade humana para resolver problemas complexos de cidades. Lá, não existem departamentos, mas "círculos de cognição": grupos interdisciplinares que se formam por projeto e se dissolvem ao final.

Cada círculo possui um facilitador, um IA Companion configurado para aquele contexto e um histórico vivo de aprendizados acumulados. Não há uma "área de inovação", porque toda a estrutura funciona como uma plataforma contínua de inteligência adaptativa.

A cultura não é feita de manuais, mas de práticas compartilhadas e aprendizado coletivo. E o organograma? Um gráfico de interações que pode mudar toda semana.

3. A empresa tradicional que ativou sua arquitetura cognitiva

Uma multinacional do setor de logística, com décadas de estrutura hierárquica e processos estáveis, resolveu fazer um experimento silencioso: permitiu que times locais usassem IA generativa para resolver gargalos operacionais, sem necessidade de validação da matriz.

Em poucos meses, surgiram dezenas de microprojetos: sistemas de reabastecimento com base em predição de clima, modelos de reconfiguração de rota com base em conversas de WhatsApp com motoristas, dashboards interativos criados por operadores de linha.

O impacto? Baixo investimento, alto engajamento, crescimento exponencial do V^{cc} em áreas antes isoladas. A matriz, então, não centralizou esses projetos — mas criou uma rede de trocas e documentação interativa, como se fosse um cérebro organizacional emergente. A arquitetura cognitiva nasceu no uso.

MATRIZ DE **MATURIDADE COGNITIVA ORGANIZACIONAL**

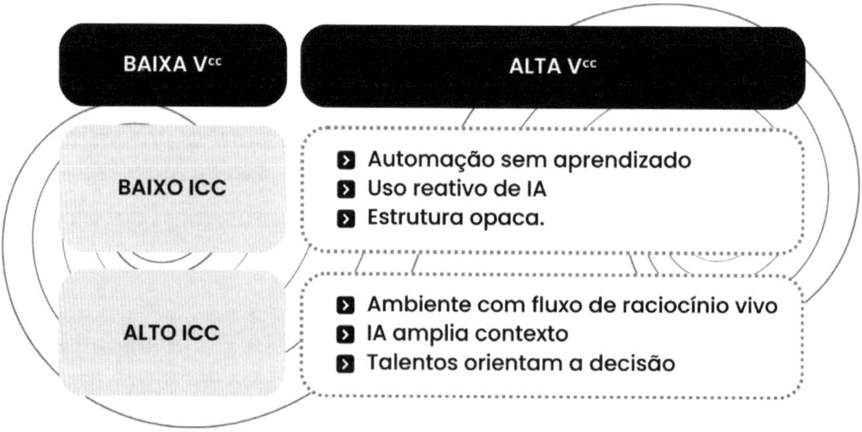

Como afirmou Margaret Wheatley, pioneira na teoria das organizações como sistemas vivos, as organizações são padrões de relacionamentos. Quando mudamos o padrão, mudamos a organização. E mudar o padrão de relacionamento com a IA — e entre os humanos — é, justamente, o desafio da arquitetura da cognição. Algumas organizações já começam a estruturar seus fluxos de decisão como Sistemas Cognitivos Organizacionais (SCO).

A Humana AI, por exemplo, é uma plataforma que organiza papéis com base em cérebros funcionais, conectados a uma IA generativa supervisionada por humanos, onde cada decisão é fruto da convergência entre contexto, intenção e aprendizado acumulado. O sistema não apenas responde — ele evolui junto com a cultura de inteligência combinada.

A organização que ativa sua arquitetura cognitiva começa a operar em outro ritmo. Um ritmo menos linear e mais dinâmico. Onde a decisão não é um ponto final, mas um nó em rede. Onde o conhecimento não é só armazenado — é ampliado. Onde a IA não é delegada a especialistas, mas integrada à experiência de quem pensa, age e sente.

Organizações que pensam, evoluem

Chegamos ao fim deste capítulo não com uma conclusão, mas com uma abertura: a construção de uma arquitetura cognitiva é um processo contínuo, feito de escolhas conscientes, estruturas adaptáveis e interações significativas.

Ao longo destas páginas, vimos que:

- Toda organização possui uma arquitetura de pensamento invisível, que determina a forma como inteligência circula (ou se bloqueia);

- A IA só se torna estratégica quando está integrada aos fluxos reais de decisão e aprendizado, e não isolada como ferramenta;
- Os papéis organizacionais deixam de ser funções estáticas e passam a operar como nós em redes cognitivas;
- O verdadeiro valor de uma organização não está em sua hierarquia, mas em sua plasticidade cognitiva — sua capacidade de pensar com diferentes perspectivas, em tempo real;
- Ativar essa arquitetura não depende de um plano de transformação, mas de movimentos que já podem começar agora: escutar mais, conectar melhor, permitir experimentação.

Mais importante do que projetar um novo "organograma do futuro" é fortalecer estruturas de cognição, que se alimentam do que aprendem, se adaptam ao que descobrem e mantêm os humanos no centro — não por apego, mas por convicção. Porque é o humano que dá sentido à inteligência combinada. É o humano que faz escolhas. É o humano que cultiva cultura.

Convite final à prática

A seguir, um exercício prático que pode ser feito individualmente, com um time ou em toda a organização. O objetivo não é diagnosticar o que está "certo" ou "errado", mas observar o que pode ser ativado, conectado e evoluído.

Passo 1 – Mapear os fluxos de cognição

Liste, em uma folha ou quadro, as principais rotinas da sua equipe ou organização. Para cada uma, pergunte:

- Quem participa do processo decisório?
- Quais dados (estruturados ou não) alimentam essa rotina?
- A IA está presente de alguma forma? Se sim, como?
- Existe espaço para interpretação e ajuste do raciocínio?

- O que é documentado e compartilhado para aprendizado?

O objetivo aqui é tornar visível a inteligência que já existe — e onde ela se fragmenta.

Passo 2 – Identificar os pontos de bloqueio ou ruído

Agora, circule os pontos onde o raciocínio trava, se perde ou se isola. Isso pode acontecer por:

- Falta de fluência com IA;
- Hierarquia que centraliza demais;
- Ausência de tempo para pensar antes de decidir;
- Ruídos entre áreas ou funções.

Esses pontos não precisam ser corrigidos agora — apenas reconhecidos como potenciais gargalos cognitivos.

Passo 3 – Criar uma microação de ativação

Escolha um desses pontos e desenhe uma pequena intervenção de arquitetura cognitiva. Por exemplo:

- Criar um espaço semanal para decisões com base em insights gerados por IA;
- Mapear uma decisão importante e documentar o raciocínio por trás dela;
- Convidar áreas que nunca conversam para interpretar um dado juntas.

O critério aqui é: se for pequeno, viável e simbólico, é o bastante para ativar a inteligência combinada.

Capítulo 9

CAPÍTULO 9

Inteligência Combinada no ambiente organizacional

FUTURO DO TRABALHO

Uma empresa é tão inteligente quanto sua capacidade de aprender — com humanos e com IA

Organizações parecem, mas não são apenas estruturas produtivas. São ecossistemas de pensamento em constante transformação. Cada interação entre pessoas, cada decisão tomada, cada dúvida enfrentada é, potencialmente, uma semente de aprendizado. E é a forma como essas sementes são cuidadas — ou desperdiçadas — que define o grau de vitalidade cognitiva de uma empresa.

Depois de explorar o Índice de Cognição Corporativa (ICC) e entender como diagnosticar a maturidade do pensamento organizacional, chegamos agora ao ponto alto da jornada: o cultivo. Porque a inteligência não se implanta — se cultiva. Ela cresce a partir de práticas, relações e estruturas que favorecem a circulação de sentido, a criação de conhecimento e a ampliação de discernimento coletivo.

É aqui que o conceito de inteligência distribuída ganha protagonismo. Ele parte de uma constatação simples, mas muitas vezes negligenciada: ninguém sabe tudo, mas todos sabem algo essencial. Em uma organização, a inteligência está fragmentada. Ela está em diferentes funções, níveis, contextos e experiências. Quando essa inteligência se conecta, a organização pensa com mais profundidade. Quando se isola, ela pensa com esforço — ou nem pensa.

A inteligência distribuída é, portanto, o oposto do controle centralizado. Não significa ausência de direção, mas escuta ativa, colaboração intencional e confiança na diversidade cognitiva. Líderes que compreendem isso deixam de tentar prever tudo e passam a construir ambientes onde o conhecimento pode emergir, ser compartilhado e se transformar em decisão.

Esse tipo de ambiente não se cria apenas com estrutura. Ele depende de cultura, rituais e ferramentas. E, hoje, também depende de uma nova camada de inteligência: a inteligência artificial como parceira. A IA pode ser muito mais do que uma aceleradora de tarefas — pode ser uma arquivista, uma facilitadora de conexões e uma ampliadora da memória organizacional.

Mas, para que isso aconteça, é preciso sair da lógica da informação estática. Muitas empresas ainda tratam o conhecimento como algo a ser "registrado em documentos" ou "guardado em sistemas". O que se perde nisso é justamente o que torna o conhecimento útil: seu contexto, sua intenção e sua aplicação.

Assim como o ERP representou, no século passado, a infraestrutura básica para controle operacional, o Sistema Cognitivo Organizacional (SCO) representa, agora, a infraestrutura essencial para orquestração da inteligência nas empresas. Ele não substitui os sistemas anteriores — mas os amplifica.

O SCO organiza não apenas tarefas, mas formas de pensar. Ele conecta cérebros funcionais e organizacionais, integra IA com curadoria humana e transforma decisões em aprendizado. O SCO surge como uma nova camada fundamental da infraestrutura das organizações cognitivas — um novo "core system", como o ERP foi no século XX.

ERP VS. SCO: A EVOLUÇÃO DA INFRAESTRUTURA ORGANIZACIONAL

DIMENSÃO	ERP (ENTERPRISE RESOURCE PLANNING)	SCO (SISTEMA COGNITIVO ORGANIZACIONAL)
FUNÇÃO PRINCIPAL	Integrar e padronizar processos operacionais	Orquestrar a inteligência combinada da organização
FOCO	Controle, eficiência e execução	Aprendizado, discernimento e decisão com propósito
UNIDADE DE ENTRADA	Dados e tarefas	Contexto, raciocínio e memória organizacional
UNIDADE DE VALOR	Registro e entrega	Cognição viva e inteligência aplicada
LÓGICA DE OPERAÇÃO	Executar com precisão	Raciocinar com intenção e ajustar em tempo real
PAPEL DA IA	Automação de processos	Ampliação do raciocínio humano com curadoria e supervisão
RELAÇÃO COM HUMANOS	Padroniza o que os humanos devem seguir	Reforça o papel do humano como curador, aprendiz e decisor consciente
MEMÓRIA	Dados históricos estruturados	Memória simbólica, contexto vivo e aprendizado acumulado
EXEMPLO TÍPICO	Sistema de gestão financeira, logística, produção	Plataforma cognitiva como a Humana AI, com cérebros funcionais e organizacionais interligados

ERP é o sistema do "como fazer".

SCO é o sistema do "como pensar".

O ERP organizou o passado das empresas.

O SCO organiza o futuro da inteligência.

A Humana AI é um exemplo dessa arquitetura na prática. Em vez de automatizar funções com agentes isolados, ela constrói cérebros funcionais que pensam com humanos, ampliados por IA. Cada organização que usa a plataforma começa a desenvolver seu próprio SCO — de forma viva, evolutiva e orientada à consciência coletiva.

Cultivar inteligência combinada, portanto, exige um olhar diferente. Não é só registrar ou disseminar conhecimento. É criar estruturas que ligam o saber ao fazer. Ambientes que favorecem a recuperação de experiências passadas no momento exato em que elas são mais úteis — e que permitem que novos aprendizados sejam integrados ao raciocínio coletivo com apoio de IA.

Ao reconhecer a inteligência distribuída como seu ativo mais precioso, a organização muda o foco. Ela deixa de buscar a "melhor decisão vinda de cima" e passa a favorecer as melhores ideias que emergem da rede.

E isso muda não só a velocidade, mas a qualidade da inovação. Porque a inovação deixa de ser um projeto — e passa a ser um reflexo da atenção constante que a organização tem sobre si mesma.

Quando a IA se torna parceira da memória organizacional

A inteligência combinada distribuída, para existir de verdade, precisa de fios que conectem pontos distantes da organização. Em um time pequeno, essa costura pode acontecer por conversas informais ou trocas espontâneas. Mas em redes maiores — com múltiplas áreas, ritmos, contextos — o risco da inteligência se perder no caminho cresce drasticamente.

É aqui que a inteligência artificial deixa de ser coadjuvante e assume um papel central. Não como "resumo de reunião" ou "atalho de produtividade", mas como teia inteligente que sustenta o fluxo de saberes dentro da empresa.

A IA pode atuar em quatro níveis distintos, mas complementares, dentro do cultivo de inteligência organizacional:

1. **Captura contextualizada** – em vez de arquivar dados crus, ela registra decisões, raciocínios e nuances que geralmente se perdem.
2. **Conexão de pontos isolados** – identifica padrões entre experiências diferentes e recomenda aprendizados relevantes.
3. **Curadoria ativa** – organiza os saberes em função do que está sendo feito, não apenas do que foi feito.
4. **Amplificação do raciocínio** – sugere hipóteses, simulações e caminhos com base na base viva de inteligência combinada da empresa.

Essa atuação transforma a IA em um facilitador de metacognição organizacional: ela ajuda a empresa a pensar sobre seu próprio pensar, sem sobrecarregar os humanos com tarefas manuais. Vamos ver isso mais claramente no quadro a seguir.

COMPARANDO OS **MODELOS DE COGNIÇÃO ORGANIZACIONAL**

INTELIGÊNCIA CONCENTRADA	INTELIGÊNCIA DISTRIBUÍDA COM IA
Saberes retidos por líderes	Saberes coletados em tempo real por IA
Conhecimento preso em arquivos	Conhecimento vivo em fluxos inteligentes
Aprendizado reativo	Aprendizado contínuo, ativado por contexto
Reuniões como único canal de troca	Avaliação por impacto e aprendizado coletivo
IA como automação	Interações mediadas e ampliadas por IA
Cultura de "quem sabe manda"	Cultura de "quem observa compartilha"

Esse quadro ilustra a transição de uma organização analógica — onde a inteligência circula com fricção — para uma organização guiada por inteligência combinada e distribuída. A presença da IA não substitui os humanos, mas amplia sua capacidade de lembrar, cruzar e evoluir.

Veja o exemplo de um time que enfrenta um problema de atrito entre áreas. Em vez de reiniciar a discussão do zero ou buscar um especialista, a equipe ativa um assistente cognitivo interno. Ele traz insights de decisões similares já enfrentadas em outros contextos da empresa, mostra o que funcionou, aponta onde houve ruído e propõe perguntas baseadas nesses casos.

Esse não é um chatbot genérico. É um amplificador da memória organizacional. E, ao entrar em cena no momento certo, ativa o que a organização já sabe — mas havia esquecido.

Esse tipo de uso não exige alta complexidade. Muitas vezes, a IA opera em segundo plano, observando decisões, extraindo padrões, organizando a inteligência para ser resgatada quando fizer sentido. É como se a empresa ganhasse uma segunda memória — só que coletiva, conectada e disponível sob demanda.

Essa mudança abre espaço para outro tipo de cultura. Uma cultura em que perguntar vale tanto quanto responder. Em que saber o que já se tentou tem mais valor do que correr para "reinventar". Uma cultura em que cada pessoa sabe que sua experiência contribui não apenas com o presente, mas com a evolução futura de toda a organização.

Inteligência distribuída se cultiva em rituais — não apenas em sistemas

É comum que, ao falar de aprendizado organizacional, a conversa se desvie para estruturas, tecnologias ou grandes planos de gestão do conhecimento. Mas a verdade é que nenhum sistema prospera sem rituais que o sustentem. A inteligência distribuída não nasce de dashboards, mas de momentos simples onde se compartilha, reflete e aprende junto.

A boa notícia é que esses rituais não precisam ser complexos nem demorados. Pelo contrário: quanto mais leves e regulares, mais eficazes. Eles funcionam como batimentos do coração cognitivo da organização — pequenos pulsos que mantêm a inteligência combinada em circulação.

Um dos rituais mais poderosos é o da retrospectiva orientada à decisão. Ao final de um projeto ou ciclo, o time se reúne não apenas para avaliar resultados, mas para explorar como pensou. Perguntas como "o que aprendemos?", "o que quase decidimos mas abandonamos?", "que sinais ignoramos?" ganham centralidade. Esse tipo de conversa ativa a metacognição coletiva — e pode ser registrada pela IA, que ajuda a capturar e distribuir os aprendizados emergentes.

Outro hábito eficaz é o da curadoria semanal inteligente. Uma IA treinada nos contextos e projetos da organização pode sugerir, toda sexta-feira, um conjunto de insights aprendidos por outros times que podem ser relevantes. Com isso, a inteligência circula mesmo entre quem nunca trabalhou diretamente junto. Um engenheiro aprende com a experiência de um time de atendimento; uma líder de produto acessa lições de um squad de cultura.

Há também rituais de ideação reversa, em que os times exploram erros cometidos em projetos anteriores, buscando padrões de julgamento que podem ser refinados. A IA pode propor esses temas com base em recorrências nos registros internos — e até simular perguntas provocadoras para destravar o pensamento.

Essas práticas não tomam muito tempo. Muitas cabem em 30 minutos semanais. O impacto, no entanto, é profundo: elas transformam o ambiente em espaço de raciocínio coletivo, onde cada um contribui não apenas com tarefas, mas com inteligência ampliada.

E mais: quanto mais essas práticas acontecem, mais a IA aprende como e onde conectar pontos. Uma simples anotação de um colaborador pode, em semanas, inspirar a formulação de uma nova política, orientar um novo produto ou evitar um erro recorrente em outro setor. A inteligência combinada, quando aplicada, tem efeito multiplicador.

O segredo está em tratar a inteligência como fluxo. Não como silos, nem como obrigação. Mas como prática cotidiana que ganha força na troca, na escuta e na ressignificação constante. A IA entra como organizadora silenciosa — ela conecta sem chamar atenção, recupera sem interromper, sugere sem impor.

Mas essa cultura não nasce sozinha. Ela precisa ser modelada pelas lideranças. Não basta permitir o aprendizado — é preciso mostrar, com gestos e palavras, que ele importa. Um diretor que pergunta "o que aprendemos?" antes de avaliar entregas. Uma gerente que compartilha abertamente suas dúvidas ao lado dos acertos. Um analista que propõe uma melhoria com base em um erro antigo — e é reconhecido por isso. Tudo isso educa. Tudo isso gera cultura.

Organizações que praticam esse tipo de cultura passam a se mover com mais leveza. Não porque sabem tudo, mas porque confiam na sua capacidade de pensar bem juntas. E quando esse pensar é mediado por IA — que organiza, relembra, sugere —, a inteligência combinada se manifesta em sua forma mais elegante: como sabedoria acessível em tempo real.

Ao adotar pequenos rituais e hábitos como esses, a organização cria raízes cognitivas. E essas raízes sustentam algo maior: uma cultura de aprendizado contínuo, onde a inovação não precisa ser forçada, porque ela brota do cotidiano.

O Futuro do Trabalho na Economia Guiada por IA

O trabalho está mudando, e não é somente por causa da IA. É por causa da forma como pensamos o que significa gerar valor. Em uma economia guiada por inteligência artificial, aumenta a importância da inteligência aplicada — e como conectar com outras para formas de pensamento efetivo.

Na lógica do V^{cc} (Valor Cognitivo Combinado), produtividade não se mede apenas pelo quanto se faz — mas pela profundidade cognitiva ativada para resolver um problema. Isso redefine o que significa trabalhar, colaborar e liderar.

A IA não está substituindo o trabalho. Ela está mudando o tipo de inteligência que o trabalho exige. O que antes era valorizado como habilidade técnica ou repetição operacional agora cede lugar a:

- Raciocínio contextual;
- Julgamento ético e estratégico;
- Capacidade de integrar dados à narrativas;

- Colaboração entre diferentes conhecimentos;
- Leitura de sinais humanos e não humanos.

Profissionais que prosperam nessa nova lógica não são apenas "competentes". São curadores de inteligência. Sabem o que perguntar, como combinar repertórios, quando provocar e quando recuar. São capazes de usar a IA não apenas como atalho, mas como parceiro cognitivo e reflexivo. O V^{cc} nos ajuda a enxergar na prática quais funções ganham relevância e quais tendem a desaparecer ou ser absorvidas pela IA.

Funções que dependem apenas de regras claras e execução repetitiva (baixo I_h, alto I_a, $K_c \approx 1$) tendem a ser automatizadas rapidamente: atendimento de primeiro nível, preenchimento de dados, relatórios básicos.

Já funções que exigem interpretação, adaptação e coordenação entre conhecimento (alto I_h, média-alta I_a, $K_c \geq 3$) ganham centralidade: design de experiências, coordenação de projetos interdisciplinares, mediação ética de decisões automatizadas, estratégia baseada em dados, ensino-aprendizagem com IA.

O trabalho de valor na Economia Guiada por IA é aquele que orquestra inteligências diversas para produzir soluções relevantes e sensíveis ao contexto.

Uma forma simples de avaliar como a IA está transformando um determinado trabalho é usar três perguntas baseadas na equação do V^{cc}:

1. **A função exige inteligência humana que vai além da execução?** Se sim, o I_h é alto e o papel humano continua crítico.
2. **A IA está sendo usada como executor ou como parceiro de raciocínio?** Isso define se o I_a está sendo usado de forma combinada — ou isolada.
3. **A tomada de decisão envolve múltiplos campos de conhecimento?** Se sim, o K_c é alto — e a função tende a exigir mais coordenação do que execução.

Esse tipo de análise pode ajudar líderes a redesenhar funções, não com medo da IA, mas com clareza sobre como distribuir melhor as capacidades humanas e artificiais dentro dos fluxos de trabalho.

Em um ambiente de trabalho com alto V^{cc}, a pessoa deixa de ser executora de tarefas e passa a ser geradora de soluções potencializadas com IA. Seu papel é garantir que a IA esteja sendo usada com contexto, com ética e com coerência em relação aos objetivos reais da organização.

Isso exige competências novas:

- Senso crítico sobre as perguntas e respostas da IA;
- Capacidade de adaptar decisões técnicas ao mundo real;
- Habilidade de dialogar com diferentes repertórios (design, dados, negócios, cultura);
- Empatia para compreender o impacto das escolhas automatizadas.

Essas habilidades não são periféricas — são o novo núcleo do trabalho relevante.

Na Economia guiada por IA, liderar não é apenas motivar pessoas — é criar ambientes em que a inteligência coletiva e combinada possa florescer.

A liderança cognitiva se mede pela capacidade de:

- Reduzir fricção cognitiva (F_r) entre áreas, times e tecnologias;
- Fortalecer o contexto organizacional (C_o) para que decisões sejam tomadas com clareza;
- Incentivar o uso de IA de forma crítica, e não cega;
- Elevar o K_c das decisões, trazendo vozes, dados e perspectivas diversas para o centro.

Liderar, nesse contexto, é se tornar um facilitador da inteligência combinada.

COMPETÊNCIAS-CHAVE DO TRABALHO: O QUE MUDA?

ANTES	AGORA (COM IA)
Execução focada	Orquestração de inteligências
Especialização técnica	Convergência de conhecimentos
Produzir em volumes - grandes investimentos	Gerar valor com menos esforço - quick wins
Dominar ferramentas	Integrar inteligência humana e artificial - deixar que a IA use as ferramentas
Controle de tarefas	Coordenação de inteligência combinada

Trabalhar com IA não é apenas trabalhar mais rápido. É trabalhar em um sistema adaptativo, onde cada decisão alimenta o próximo ciclo. O que a IA aprende com o humano modifica sua próxima resposta. O que o humano aprende com a IA muda sua próxima pergunta.

Essa lógica exige outro tipo de disciplina. Mais reflexão, mais revisão, mais humildade cognitiva. Mas também traz mais potência: o trabalho deixa de ser rotina e vira sistema de aprendizado contínuo.

> ***"O futuro do trabalho não será humano ou artificial — será combinado."***

Se olharmos para um dos temas centrais do livro — como uma organização se torna um Sistema Cognitivo Organizacional (SCO) —

então cada função dentro da empresa deixa de ser uma "área de negócio" e passa a ser um módulo cognitivo que interage com os demais.

Nesse novo desenho, o profissional deixa de ser o executor de uma função ou dono de um cargo e passa a ser o curador do seu Cérebro Funcional — a instância que combina inteligência humana e artificial para produzir valor contínuo. A sua função não desaparece com a IA. Ela evolui, se expande e se responsabiliza pelo aprendizado coletivo.

Hoje, em muitas empresas, já existem pessoas operando com alto V^{cc} — mesmo sem esse nome. São aquelas que conectam áreas, desafiam o pensamento padronizado, ensinam a usar a IA com responsabilidade, trazem boas perguntas, levantam pontos fora do script.

Esses profissionais são os pioneiros silenciosos da Economia Guiada por IA. O papel da liderança é reconhecê-los, fortalecê-los e, mais do que tudo, criar o ambiente onde eles deixem de ser exceção e passem a ser a norma.

Convite final à prática

Passo 1 – Escolha uma decisão recente do time

Comece relembrando uma decisão tomada nas últimas semanas — de preferência uma que tenha gerado dúvidas, divergências ou aprendizados relevantes. Não importa se foi grande ou pequena. O importante é que envolveu reflexão.

Passo 2 – Identifique os pontos de saber envolvidos

Reflitam juntos:

- Quem trouxe qual tipo de informação?
- Que tipo de experiência estava embutida nas sugestões?
- Alguém ficou calado, mas poderia ter contribuído?
- Alguma perspectiva foi ignorada?

Esse exercício ajuda a tornar visível a inteligência que já circula — e a que poderia circular.

Passo 3 – Modele um "radar de cognição"

Desenhe (ou imagine) um radar com quatro quadrantes:

1. Saberes técnicos;
2. Experiências de cliente;
3. Dados históricos da organização;
4. Intuições ou hipóteses não testadas.

Agora, tente posicionar os pontos discutidos dentro desse radar. Quais áreas foram mais ativadas? Quais ficaram em branco?

Esse exercício simples mostra que a maioria das decisões acontece com base em poucos quadrantes. E que o fortalecimento da inteligência começa justamente pela ampliação desses espaços de escuta.

Passo 4 – Conecte com a IA

Se sua organização já usa ferramentas de IA, experimente alimentar o sistema com os aprendizados do exercício. Ou mesmo perguntar ao modelo: "Quais decisões parecidas já foram tomadas?" ou "Como outras áreas resolveram dilemas similares?". A resposta não precisa ser perfeita — basta abrir uma nova janela de raciocínio.

PARTE 04

DIMENSÃO HUMANA

Capítulo 10

CAPÍTULO 10

Humanos insubstituíveis

O VALOR DO QUE NÃO SE CODIFICA

O que permanece humano em um mundo que pensa com máquinas?

É fácil se impressionar com os avanços da inteligência artificial. Máquinas que escrevem, desenham, programam, debatem, raciocinam. Ferramentas que antes exigiam décadas de treinamento humano agora podem ser simuladas por modelos treinados em semanas. Diante disso, muita gente se pergunta: e o que sobra pra nós?

Esse é um medo legítimo. Afinal, o que antes era distintivo — a capacidade de produzir conhecimento, resolver problemas, tomar decisões — agora parece compartilhado. A IA nos espelha. E, às vezes, nos ultrapassa em velocidade, memória, consistência.

Mas essa comparação esconde uma armadilha: ela parte do pressuposto de que os humanos valem pelas mesmas coisas que as máquinas. Que somos apenas processadores biológicos de tarefas intelectuais. E isso é um erro.

O PAPEL AMPLIADO DO **HUMANO** NA **ECONOMIA GUIADA POR IA**

DA EXECUÇÃO À CURADORIA: O HUMANO NO CENTRO

PAPEL ANTERIOR	PAPEL AMPLIADO
Cumprir tarefas	Definir o que deve ser automatizado e o que deve ser mantido
Tomar decisão isolada	Orquestrar decisões em rede com IA
Reagir a dados	Interpretar sinais com intenção

O verdadeiro valor humano não está no que pode ser automatizado. Está no que não se codifica: na intenção, na intuição, no julgamento que nasce do afeto, da experiência, do corpo, do tempo vivido. Em outras palavras, a humanidade está no que a IA não pode simular — e talvez nem compreender.

Esse capítulo nasce justamente desse ponto de virada: a urgência de reposicionar o papel dos humanos na Economia Guiada por IA. Não como operadores complementares, nem como vigias do algoritmo. Mas como portadores de sentido. Como os únicos capazes de atribuir valor real ao que fazemos juntos. Porque embora a IA otimize a produção de conteúdo, o julgamento estratégico e a interpretação contextual ainda dependem de capacidades humanas.

Este não é um capítulo nostálgico. Não se trata de defender a "essência humana" como algo romântico ou fixo. Trata-se de reconhecer que, quanto mais a IA avança, mais precioso se torna aquilo que só nós podemos oferecer. E que, em vez de competir com as máquinas, nossa tarefa é lembrar à economia o que ela esqueceu: que o valor nasce do humano.

A inteligência combinada — tema central deste livro — é potente exatamente porque não tenta equalizar capacidades. Ela combina o que cada forma de inteligência tem de único. E isso exige clareza: se dermos às máquinas o papel de pensar por nós, não sobra mais economia — sobra apenas eficiência. E eficiência sem critério é só ruído em alta performance.

Por isso, este capítulo começa com uma pergunta provocadora: quais são os traços humanos que nenhuma IA poderá substituir — e que devemos proteger como ativos estratégicos?

A resposta não é simples, mas pode ser buscada em quatro dimensões:

1. **Sentido e propósito:** a IA pode otimizar rotas, mas não sabe onde queremos chegar.
2. **Empatia e relação:** ela pode simular emoções, mas não sente nada.
3. **Julgamento ético:** ela reconhece padrões, mas não compreende consequências morais.
4. **Imaginação e intuição:** ela combina dados, mas não tem experiências corporais, sensoriais, subjetivas.

Esses elementos não são "valores abstratos". São fundamentos concretos da economia real. Produtos são comprados por como nos fazem sentir. Serviços são escolhidos por confiança. Iniciativas prosperam ou fracassam por decisões que vão além da lógica. E tudo isso depende de humanos em sua plenitude — não de humanos funcionando como robôs.

Essa perspectiva precisa entrar no centro da estratégia organizacional. E mais: precisa se tornar critério de design para a integração com IA. Cada vez que substituímos uma atividade humana, precisamos perguntar: *o que exatamente está sendo substituído? E o que pode — ou deve — ser fortalecido?*

Há um risco real de, em busca de eficiência, desumanizarmos o trabalho. De transformarmos equipes em operadores de inputs para sistemas que decidem sozinhos. De esquecer que, por trás de toda economia, existe uma teia de relações humanas — e que é essa teia que gera significado, inovação e valor real.

Há um risco real de, em busca de eficiência, desumanizarmos o trabalho. De transformarmos equipes em operadores de inputs para sistemas que decidem sozinhos. De esquecer que, por trás de toda economia, existe uma teia de relações humanas — e que é essa teia que gera significado, inovação e valor real.

Por isso, este capítulo propõe uma virada: recolocar o humano no centro. Não como resistência ao progresso, mas como horizonte dele. Porque a IA pode nos ajudar a pensar mais rápido — mas só os humanos podem decidir por quê.

O que a IA não pode sentir, decidir ou imaginar

A inteligência artificial pode prever padrões com altíssima precisão, redigir textos coerentes em segundos e, em muitos casos, até simular conversas empáticas. Mas, apesar da sofisticação, há um abismo entre simulação e experiência. E esse abismo é onde habita o que nos torna insubstituíveis.

Na base desse abismo está algo simples: a IA não tem corpo. Não sente, não respira, não se afeta. Ela opera a partir de dados — nós, a partir da existência. E essa diferença não é técnica: é ontológica. Ela muda tudo.

Quando um líder escuta um time frustrado, ele não analisa apenas os argumentos. Ele percebe silêncios, gestos, hesitações. Ele sente no corpo a tensão do ambiente. Quando uma médica acolhe um paciente, ela combina dados clínicos com intuição, memória e cuidado. Quando um professor reorienta uma aula, ele lê o ritmo da sala — o tédio, a dúvida, a curiosidade.

Essas ações não são algoritmos. São respostas situadas à complexidade humana. E é nelas que reside uma inteligência que não pode ser programada. Porque ela nasce do entre — da relação, do momento, da vivência.

É verdade que muitas dessas ações podem ser auxiliadas pela IA. Um sistema pode sugerir diagnósticos, revisar documentos, apontar incoerências. E isso é ótimo. A questão é que, sem o humano como filtro consciente, essas sugestões se tornam apenas estatísticas sem direção.

A IA é extraordinária em responder "como". Mas ainda somos nós que temos que perguntar "por quê".

Essa distinção se aprofunda quando falamos de julgamento ético. Um algoritmo pode ser treinado para detectar desvios ou aplicar regras. Mas o que fazer quando duas regras entram em conflito? Ou quando a regra mais justa não é a mais eficiente? Ou quando o certo depende do contexto cultural, histórico, emocional?

Decisões reais raramente são binárias. Elas exigem ponderação, sensibilidade, análise de ambiguidades. E essas camadas são intransferíveis.

Outro ponto essencial é a capacidade de imaginar o novo. A IA combina dados já existentes. Ela não sonha, não pressente, não se arrisca. Grandes ideias não nascem apenas de lógica — nascem de intuições, lampejos, desconfortos. Nascem quando alguém sente que "algo não faz sentido" mesmo quando todos os dados dizem o contrário. E decide explorar mesmo assim.

A criatividade genuína não é apenas recombinação — é salto. E esse salto exige emoção, subjetividade, imperfeição. Elementos que, curiosamente, foram por muito tempo considerados "ruídos" na gestão. Mas que agora revelam seu valor estratégico.

Hoje, empresas que entendem isso começam a revalorizar o que parecia impreciso. Em vez de tentar automatizar tudo, buscam amplificar o humano: criando tempo para conversas reais, espaços para experimentação, rituais para reflexão coletiva. E usam a IA não como substituta, mas como espelho, provocadora, co-pensadora.

Essa mudança também impacta a forma como vemos o trabalho. Durante décadas, a produtividade foi medida pela quantidade de entregas. Agora, o que ganha centralidade é a qualidade da presença, da percepção e da conexão. Um profissional que consegue ouvir o cliente com atenção, sintetizar suas dores e traduzi-las em melhorias tem um tipo de valor que nenhuma máquina entrega.

Esse valor não está nos relatórios. Está nos vínculos. Está na forma como esse profissional dá sentido ao que faz — e ajuda outros a fazerem o mesmo.

Aqui, começamos a enxergar um novo tipo de talento: o talento que pensa com profundidade e age com empatia. Que usa a IA para expandir sua escuta, sua visão e seu impacto. Mas que nunca abre mão de sua autonomia sensível.

Esse tipo de talento é o que sustenta as economias cognitivas mais evoluídas. Porque ele gera algo raro: conexão autêntica em um mundo hiperautomatizado. E essa conexão é, cada vez mais, o que diferencia produtos, serviços, marcas e lideranças.

O valor humano como diferencial competitivo em tempos de IA

Durante muito tempo, a vantagem competitiva de uma empresa era medida pelo acesso à informação ou pela capacidade de automatizar tarefas. Mas isso mudou. Com algoritmos amplamente disponíveis e IAs acessíveis, o que se destaca agora é justamente o que continua raro: aquilo que só os humanos podem oferecer.

E aqui não estamos falando de algo etéreo ou distante. Falamos de qualidades muito reais que afetam diretamente o modo como decisões são tomadas, relações são construídas e sentido é gerado no trabalho. À medida que a IA se torna parte do cotidiano das organizações, essas capacidades humanas ganham novo destaque.

Nem sempre é fácil enxergá-las. Afinal, elas não aparecem em relatórios de desempenho, nem podem ser medidas por linhas de código. Muitas vezes, surgem nos detalhes: numa escuta atenta, numa escolha sensível, num olhar que percebe o que ainda não foi dito.

Mas é justamente aí que reside o valor estratégico da presença humana. Em tempos de inteligência combinada, aquilo que parecia intangível passa a ser o verdadeiro diferencial.

Para visualizar melhor essa dinâmica, o modelo a seguir compara dois eixos de valor que coexistem nas organizações — e que, bem combinados, geram resultados mais profundos e sustentáveis.

COMPARATIVO ENTRE **VALOR TÉCNICO** E **VALOR HUMANO**

VALOR TÉCNICO	VALOR HUMANO
Regras claras e replicáveis	Julgamento situacional
Tarefas previsíveis	Capacidade de improviso
Processamento de dados	Compreensão de contexto
Otimização de rotinas	Criação de novos significados
Eficiência mensurável	Presença relacional e intenção

A proposta aqui não é escolher entre um lado ou outro. O que faz uma organização avançar de verdade é a combinação consciente entre técnica e sensibilidade. A IA organiza, calcula, sugere. Mas quem decide os critérios? Quem define o que importa? Quem sustenta os dilemas que não têm uma resposta certa?

Essas escolhas não são operacionais — são profundamente humanas. E mais: são estratégicas. Porque influenciam a forma como se lida com clientes, como se resolve conflitos, como se inova.

Considere, por exemplo, dois times com acesso aos mesmos dados e às mesmas ferramentas de IA. Um decide otimizar a jornada do usuário com foco total em velocidade. Outro decide priorizar escuta e adaptação. Ambos podem estar certos — mas estão seguindo critérios diferentes. E essa diferença nasce de pessoas, contextos e valores.

Não se trata de romantizar a intuição ou de resistir à eficiência. Trata-se de reconhecer que eficiência com consciência é mais poderosa. E que, nesse novo cenário, aquilo que antes era visto como "soft" pode ser justamente o que sustenta relações duradouras, decisões justas e soluções mais inteligentes.

Valor humano não é um extra. É a matéria-prima da confiança, da originalidade e do impacto positivo. É isso que faz com que clientes queiram voltar, que times queiram ficar, que empresas encontrem caminhos próprios em meio ao barulho dos dados.

A inteligência combinada floresce quando essas qualidades não apenas são preservadas, mas acolhidas como parte da própria arquitetura da decisão. Quando a IA aprende com o humano — e o humano evolui com a IA — o que surge não é uma máquina melhor, mas uma organização mais consciente.

IA como catalisadora da presença humana

Muito se discute sobre os riscos de uma inteligência artificial desumanizada. Mas há uma perspectiva igualmente importante — e menos explorada: a IA como amplificadora do que há de mais humano. Quando bem desenhada e aplicada, ela pode catalisar uma cultura de escuta, presença e reflexão que, em muitos ambientes corporativos, foi sendo soterrada pela urgência.

Isso não acontece por má intenção, mas por padrão. A maioria das organizações ainda opera sob estruturas que valorizam a velocidade e a previsibilidade. Nesse contexto, a sensibilidade humana — que exige pausa, atenção e abertura — acaba sendo deixada de lado em nome da entrega.

Mas a IA oferece uma oportunidade rara: reestruturar o tempo, o foco e os fluxos do trabalho para que o humano possa reaparecer.

Por exemplo, um assistente de IA pode:

- Reduzir o tempo gasto com tarefas administrativas repetitivas, liberando espaço mental para conversas mais profundas;
- Sugerir padrões de comportamento em times que indicam sobrecarga emocional ou falta de alinhamento, antes que o problema se manifeste em performance;
- Organizar e distribuir aprendizados sensíveis capturados em conversas de retrospectiva, ajudando a empresa a lembrar de como pensa — e não apenas do que faz.

Essas são funções sutis, mas poderosas. A IA, nesse caso, não substitui o pensamento humano — ela o protege. Atua como orientadora da consciência coletiva, lembrando, organizando, cruzando saberes. É como se dissesse o tempo todo: "Olha, isso aqui foi importante. Vale a pena reconsiderar." E o faz com leveza, sem exigir esforço adicional.

Para visualizar essa nova lógica, o modelo a seguir propõe três papéis centrais que a IA pode assumir dentro de um sistema organizacional orientado pela inteligência combinada.

Esses papéis não são utópicos. Em muitas organizações, já existem sistemas com essas funções. O que falta, muitas vezes, é uma intenção explícita de colocar o humano no centro. Quando isso é feito com clareza, a IA deixa de ser apenas uma ferramenta — torna-se parceira do cuidado, da cultura e da consciência coletiva.

É aí que a inteligência combinada mostra sua força. Porque não se trata apenas de trabalhar melhor — mas de trabalhar com mais sentido. Não se trata apenas de ser mais produtivo — mas de estar mais presente.

Essa mudança de lógica começa pequena: num ajuste de fluxo, num ritual reconfigurado, numa métrica que deixa de medir só velocidade e passa a considerar qualidade relacional, segurança psicológica, tempo para escuta. E é nesses gestos que o valor humano começa a ocupar novamente o centro da cena.

O que permanece humano permanece valioso

Chegamos ao fim de um capítulo que talvez seja o mais íntimo deste livro. Porque, ao falar sobre o que nos torna insubstituíveis, não tratamos de competências ou profissões. Falamos de presença. E presença não é algo que se adquire. É algo que se pratica.

Ficou claro ao longo dessas páginas que o valor do que não se codifica não está em oposição à inteligência artificial. Muito pelo contrário: quanto mais a IA avança, mais preciosa se torna a consciência combinada. O desafio não é tecnológico. É atencional. É cultural. É simbólico.

Organizações verdadeiramente inteligentes no século XXI não são aquelas que automatizam tudo. São aquelas que sabem discernir o que deve ser automatizado — e o que deve ser protegido. Porque certas decisões, certos vínculos, certas ideias, exigem gente. Exigem tempo. Exigem escuta.

Essa sensibilidade não se improvisa. Ela precisa de rituais, de espaços, de linguagem. E pode começar em qualquer lugar: numa reunião de projeto, num feedback generoso, numa pausa para perguntar "o que aprendemos com isso?". Esses gestos parecem pequenos, mas são grandes o bastante para sustentar uma cultura.

A IA ajuda quando está a serviço dessa cultura. Quando colabora com a nossa capacidade de lembrar, conectar, criar. E, principalmente, quando não tenta ser o que não é — humana.

O futuro da inteligência organizacional não será uma disputa entre humano e máquina. Será a capacidade de, juntos, produzirem valor cognitivo que nunca existiria isoladamente. E é por isso que o humano segue — e seguirá — no centro. Não por nostalgia. Mas por necessidade.

Para encerrar este capítulo, propomos um exercício simples e aplicável, que pode ser feito por qualquer equipe. Ele ajuda a nomear, reconhecer e ativar o valor do que não se codifica. E mais: ajuda a criar uma nova gramática de reconhecimento dentro das organizações.

Convite final à prática

Passo 1: Escolha um desafio recente vivido pelo time

Pode ser um projeto importante, uma crise superada, uma entrega difícil. Algo que tenha exigido esforço coletivo e deixado aprendizados.

Passo 2: Liste os saberes técnicos envolvidos

Faça uma breve lista dos conhecimentos e ferramentas que foram utilizados: plataformas, metodologias, análises, processos técnicos.

Passo 3: Liste as qualidades humanas que fizeram diferença

Agora, convide o time a listar as atitudes, sensibilidades e presenças que foram fundamentais, mas que não estavam previstas no plano:

- Escuta empática;
- Coragem para dizer o que ninguém estava dizendo;
- Cuidado com o outro em momentos de tensão;
- Imaginação para enxergar soluções fora do padrão;
- Intuição ao perceber que algo não fazia sentido.

Esses são os pontos que muitas vezes passam despercebidos — mas são os que tornam tudo possível.

Capítulo 11

CAPÍTULO 11

Inteligência e consciência combinadas e ampliadas

Inteligência combinada criando a consciência ampliada – a função do sentir humano

Durante séculos, a ideia de inteligência esteve ligada à lógica, ao cálculo, à razão. O mundo era pensado como uma máquina, e a mente, como seu motor racional. Emoções eram vistas como ruídos, desvios, fraquezas a serem superadas. Esse paradigma moldou não só a forma como educamos, avaliamos e lideramos — mas também a própria arquitetura da economia.

A chegada da inteligência artificial parecia confirmar esse modelo. Sistemas velozes, lógicos, infalíveis. Máquinas sem hesitação, sem fadiga, sem sentimento. A inteligência ideal, finalmente "pura". Mas foi justamente nesse contraste que algo ficou evidente: há uma inteligência que só emerge do sentir.

Uma inteligência feita de ambiguidade, afeto, memória corporal, intuição. Uma inteligência que hesita — e por isso pondera. Que duvida — e por isso avança com mais clareza. Uma inteligência vulnerável, mas profundamente consciente.

A inteligência combinada — conceito central deste livro — não é a soma de dois raciocínios técnicos. É a fusão de duas formas distintas de habitar o mundo: a exatidão da máquina com a experiência sensível do humano. E essa fusão só é potente quando cada parte permanece íntegra. Quando a IA não tenta simular emoções — e quando os humanos não se forçam a pensar como algoritmos.

Nesse cenário, o que chamamos de "inteligência ampliada" não é apenas o resultado de ter acesso a dados ou a máquinas velozes. É o estado em que o humano opera com mais presença, mais profundidade, mais abertura. Ampliado não no sentido de "potente", mas de "expandido": alguém que consegue pensar, sentir e decidir em diálogo com o outro — humano ou artificial.

Esse tipo de inteligência se manifesta, por exemplo, quando um profissional escuta uma análise de IA e não a toma como definitiva, mas como provocação. Ele se pergunta: *isso faz sentido à luz do que sinto no ambiente? Bate com minha intuição? Dialoga com a história do time, com o que não está nos dados?*

Essa atitude é tudo, menos irracional. É consciência combinada em ação: a capacidade de ampliar o campo da decisão considerando não apenas o que é previsível, mas o que é possível. E o que é possível, muitas vezes, só se revela quando o emocional é bem-vindo à mesa.

É por isso que as emoções não são distrações no trabalho. São dispositivos de atenção, bússolas de valor e sensores de complexidade. Emoções revelam onde há incoerência, onde algo precisa de cuidado, onde a decisão pode causar impacto além do esperado.

Esse entendimento muda a forma como vemos o papel da IA. Porque, se as máquinas não sentem, cabe a nós garantir que as decisões feitas com elas preservem o que é sentido. Isso não é romantismo. É pragmatismo profundo.

Ambientes onde emoções são ignoradas tendem a repetir padrões prejudiciais. Times que não expressam desconforto naturalizam erros. Empresas que tomam decisões baseadas apenas em planilhas costumam perceber tarde demais o que seus clientes e colaboradores já sentiam há muito tempo.

Inteligência ampliada, então, não é apenas uma performance técnica melhorada. É a capacidade de sustentar emoções sem se perder nelas. De fazer do sentir uma camada legítima da análise. De integrar razão e afeto sem que um precise anular o outro.

Esse é o grande diferencial da cognição humana — e também sua vulnerabilidade. E é por isso que tantas organizações tentam silenciar essa dimensão: porque ela exige tempo, escuta, coragem. Mas, justamente por isso, é a mais transformadora.

A IA pode nos ajudar, aqui, de formas surpreendentes. Pode sinalizar padrões emocionais sutis em interações. Pode nos lembrar de pausas necessárias. Pode organizar feedbacks não ditos. Pode resgatar palavras esquecidas que apontam para o que ainda precisa ser sentido. Mas nada disso substitui o encontro real, a escolha de olhar, de acolher, de perguntar: *como isso nos afeta?*

Organizações que criam espaço para essa pergunta são as que desenvolvem verdadeiros Cérebros Organizacionais, onde a cultura não é apenas um manual, mas uma prática contínua de cuidado e expansão. E esse cuidado começa pela legitimidade da emoção — não como fragilidade, mas como tecnologia sensível da consciência humana.

A inteligência combinada só cumpre seu papel transformador quando reconhece que ampliar a mente começa por abrir o coração. E esse é o gesto mais radical, mais necessário — e mais insubstituível — que os humanos podem oferecer.

Decidir com a cabeça e com o corpo sentiente

Quando falamos em decisões organizacionais, a imagem dominante ainda é a da racionalidade pura: planilhas, metas, análises, lógica. Mas a realidade é outra. Quem decide de verdade — líderes, gestores, equipes — o faz a partir de múltiplas camadas de percepção. Decidimos com a cabeça, sim, mas também com o corpo, com o estômago, com a memória emocional que carregamos de outras experiências.

A boa decisão raramente é apenas correta. Ela é adequada ao contexto, coerente com os valores, sensível às consequências. E essas dimensões não estão nos dados. Estão na amplitude de consciência de quem lê os dados.

Nesse ponto, a inteligência artificial não é ameaça — é contexto. Ela amplia a base de informações, aponta caminhos possíveis, organiza o caos. Mas é a inteligência humana — quando amplificada pela presença e pela escuta — que percebe o que não foi dito, o que está em jogo, o que ainda precisa ser considerado.

É nesse espaço que emerge o que chamamos de consciência expandida: uma forma de inteligência que não se limita ao imediato, mas se expande para incluir tempo, história, afeto e ética. E essa forma de inteligência não acontece sozinha. Ela se fortalece quando o ambiente permite — e estimula — o sentir.

Considere, por exemplo, o impacto de uma decisão de corte orçamentário em uma organização. Os dados mostram o caminho mais eficiente. Mas o líder que exerce sua consciência expandida não se limita ao binômio custo-benefício. Ele considera o clima organizacional, o histórico das pessoas envolvidas, o que será perdido em termos de vínculo, motivação e confiança. Ele se pergunta: *o que essa escolha comunica? O que ela reforça em nossa cultura?*

Esse tipo de pergunta não desacelera a organização. Pelo contrário: fortalece sua capacidade de sustentar decisões complexas com mais clareza e legitimidade. Porque não há eficiência que resista ao silêncio emocional prolongado. Cedo ou tarde, o que não é sentido reaparece — como ruído, como conflito, como desengajamento.

Por isso, expandir a consciência não é um luxo. É uma estratégia de sustentabilidade cognitiva. E a IA pode apoiar esse processo quando é usada com essa intenção. Ferramentas que registram padrões emocionais em times, por exemplo, podem sinalizar mudanças sutis de clima que escapam ao radar da liderança. Plataformas de colaboração com assistentes sensíveis ao contexto podem sugerir ajustes na linguagem, na forma de dar feedback, na frequência dos encontros.

Essas tecnologias não "resolvem" o aspecto humano. Mas lembram da sua existência. Funcionam como espelhos, sensores, aliados.

E ajudam a transformar o sentir em critério de análise, não em obstáculo à performance.

É nesse ponto que o conceito de inteligência ampliada ganha contorno prático: trata-se de uma forma de pensar que incorpora as emoções como parte legítima do processo. Não se trata de emocionalismo, mas de sensibilidade estratégica. Saber que uma equipe precisa de segurança para ousar. Que um cliente precisa de tempo para confiar. Que uma decisão, mesmo correta, pode ferir se for mal comunicada.

Essas percepções são tão estratégicas quanto qualquer dashboard. E, num mundo saturado de dados, saber sentir se torna vantagem competitiva — é a intuição do executivo ampliada.

Organizações que reconhecem isso passam a investir não apenas em performance técnica, mas em presença emocional. Elas criam ambientes onde é possível falar de cansaço sem medo, onde o silêncio não é punido, onde o desconforto é sinal de inteligência coletiva em movimento.

E mais: elas redesenham suas estruturas para que o valor da escuta esteja incorporado ao fluxo das decisões. Reuniões com pausas intencionais. Sistemas que priorizam clareza antes de urgência. Líderes que sabem dizer "ainda não sei" com responsabilidade.

O impacto organizacional da presença emocional

Organizações não se transformam apenas por estratégias bem desenhadas ou tecnologias de ponta. Elas se transformam quando os vínculos entre as pessoas ganham profundidade. E isso só acontece quando existe espaço para a presença emocional. Quando se pode sentir — e se pode ser sentido.

Não é exagero dizer que a qualidade do ambiente emocional de uma empresa influencia diretamente sua capacidade de aprender, inovar, crescer. Um ambiente emocionalmente sufocado tende a repetir fórmulas. Um ambiente emocionalmente livre tende a buscar perguntas novas. Essa é a diferença entre um time que apenas cumpre metas e outro que imagina futuros.

A IA pode reforçar os dois caminhos. Ela pode acelerar rotinas ou acelerar a repetição de padrões emocionais inconscientes. Mas também pode atuar como um espelho sensível, capaz de refletir padrões de linguagem, frequência de colaboração, polarizações emergentes ou silêncios acumulados.

Isso significa que a IA não apenas organiza dados — ela pode revelar estados afetivos latentes. Não por mágica, mas por padrão: a repetição de palavras, a mudança de tom nas mensagens, o ritmo das reuniões, a polarização em decisões são indicadores que, quando sistematizados, mostram o que está acontecendo por trás do aparente funcionamento técnico.

Essa leitura exige uma lente que valorize o que antes era invisível: o campo emocional como ativo estratégico. E essa valorização começa na linguagem. A forma como se fala no dia a dia revela como se pensa — e como se sente.

Ambientes que priorizam controle tendem a gerar linguagem de comando. Ambientes que valorizam confiança geram linguagem de abertura. Um simples "como você está hoje?" no início de uma reunião pode mudar a textura de toda a conversa — e abrir espaço para decisões mais conscientes.

Quando a IA entra nesse circuito, ela pode aprender a reconhecer esses gestos. Pode sugerir perguntas mais abertas, pode sinalizar ausência de turnos de fala, pode indicar mudanças de clima em grupos de trabalho. Mas para isso acontecer, precisa ser treinada a partir de uma cultura que valorize o sentir.

A máquina aprende com o humano. E o humano expande sua consciência quando reconhece o impacto da própria presença.

Essa presença não depende de cargo. Ela depende de disposição. De atenção plena. De escuta não apenas ao outro, mas ao que se sente ao escutar. E essa escuta precisa ser praticada. Como um músculo que se desenvolve com o uso. Como um radar que se afina com a intenção.

Em times onde esse tipo de inteligência é criada, surgem práticas que geram valor invisível — mas decisivo:

- Um líder que percebe o clima de esgotamento antes do adoecimento;
- Uma equipe que reconhece o desconforto como sinal de mudança necessária;
- Uma reunião onde o silêncio é interpretado como dado e não como falha.

Essa sutileza exige sofisticação emocional. E essa sofisticação, quando compartilhada por toda a organização, se torna cultura. É isso que faz com que certas empresas tenham uma presença sensível e estratégica no mundo, mesmo sem grandes orçamentos: elas sabem sentir o tempo. E, mais do que isso, sabem agir a partir desse sentir.

A inteligência combinada é, nesse sentido, também uma inteligência relacional. Porque só se amplia o pensamento quando se reconhece o outro como parte do processo. Quando a decisão não é apenas eficaz, mas ética. Quando o impacto não é apenas medido, mas sentido.

Essa mudança já está em curso em muitas organizações que decidiram fazer da presença emocional um critério de qualidade. Não no sentido de medir emoções como se fossem métricas, mas no sentido de considerar sua influência nas dinâmicas produtivas, criativas e decisórias.

Essa transição não acontece por comando. Acontece por presença. Por escuta. Por atenção ao que está em jogo quando se decide. E é por isso que as emoções não são periféricas. Elas são o tecido invisível da transformação.

Como evolui a consciência organizacional

A maturidade emocional de uma organização não se mede por discursos inspiradores ou por políticas de bem-estar espalhadas nos corredores. Ela se manifesta nos momentos em que o inesperado exige resposta — e o time escolhe presença em vez de reação.

Essa escolha não acontece por acaso. Ela é resultado de um processo de amadurecimento coletivo. Um percurso que pode ser observado em diferentes níveis de consciência emocional dentro das empresas, e que ajuda a entender por que algumas organizações enfrentam a incerteza com rigidez, enquanto outras a transformam em inteligência corporativa.

A diferença de maturidade emocional organizacional entre países do Norte e do Sul Global não nasce de uma suposta superioridade cultural, mas de condições históricas e estruturais que favorecem — ou dificultam — o amadurecimento coletivo ao longo do tempo. Nos países do Norte Global, como Estados Unidos, Alemanha, Canadá e Japão, a estabilidade institucional, a previsibilidade econômica e a confiança em normas compartilhadas criam um terreno fértil para o surgimento de culturas organizacionais mais conscientes e emocionalmente seguras.

Índices como o *World Governance Indicators* do Banco Mundial e o *Global Competitiveness Report* do Fórum Econômico Mundial refletem essa diferença: países do Norte tendem a pontuar mais alto em "qualidade institucional", "eficiência governamental" e "confiança interpessoal" — elementos que, mesmo fora do ambiente de trabalho, moldam a maneira como as pessoas interagem e se organizam.

Nesse contexto, empresas conseguem investir em processos de escuta, segurança psicológica, autonomia e aprendizagem contínua — pilares da maturidade emocional coletiva.

No Sul Global, por outro lado — incluindo o Brasil, mas também grande parte da América Latina, África e Sudeste Asiático — a instabilidade econômica, a desigualdade social crônica e o predomínio de estruturas de poder mais hierárquicas e personalistas dificultam a consolidação de culturas organizacionais emocionalmente maduras.

Em 2023, o Latinobarómetro mostrou que apenas 16% dos latino-americanos confiam nas instituições políticas de seus países, o que transborda para dentro das empresas em forma de baixa segurança psicológica, medo de errar e decisões centralizadas. O improviso vira ferramenta de sobrevivência, e a urgência se impõe como modo de operação.

Mesmo com avanços importantes em diversidade, inovação e bem-estar corporativo, o Sul ainda consome grande parte da sua energia emocional apenas para reagir aos choques externos — o que reduz sua capacidade de metabolizar incertezas como fonte de inteligência coletiva. O desafio, portanto, não é copiar modelos do Norte, mas criar caminhos próprios que transformem a realidade emocional das organizações como ativo estratégico e diferencial competitivo.

O quadro visual a seguir sintetiza essas diferenças em seis dimensões essenciais, oferecendo uma lente útil para entender por que a maturidade emocional organizacional não avança no mesmo ritmo em diferentes regiões do mundo.

AMBIENTES ORGANIZACIONAIS: **NORTE GLOBAL** VS. **SUL GLOBAL**

DIMENSÃO	EUA / NORTE GLOBAL	BRASIL / SUL GLOBAL
ESTABILIDADE INSTITUCIONAL	Alta previsibilidade e confiança em regras	Volátil, com alta incerteza
CULTURA DO ERRO	Visto como parte do processo de aprendizado	Associado ao fracasso pessoal
RELAÇÃO COM O TEMPO	Planejamento em ciclos longos e estruturados	Urgência constante, ciclos curtos
ESTILO DE LIDERANÇA	Descentralização, dados, rituais de decisão	Centralização, personalismo, heróis solitários
ESPAÇO EMOCIONAL NAS EMPRESAS	Estruturado, com processos de escuta e apoio emocional	Escasso, dependente de líderes conscientes
USO DA TECNOLOGIA	Aplicada para promover bem-estar e cultura	Foco em produtividade e controle

É importante destacar que este quadro apresenta uma visão geral, construída a partir de tendências amplamente observadas em dados institucionais, culturais e econômicos. Ele não pretende esgotar a complexidade de cada país ou organização, tampouco ignorar as inúmeras exceções. Existem empresas emocionalmente maduras operando em contextos adversos no Sul Global, assim como organizações reativas e hierárquicas ainda presentes em ambientes altamente desenvolvidos no Norte.

O objetivo aqui é oferecer uma lente útil para compreender por que determinados padrões de maturidade emocional tendem a se manifestar de forma diferente entre regiões — sempre reconhecendo que culturas organizacionais são, dinâmicas e, sobretudo, transformáveis.

Apesar dos avanços nas narrativas sobre saúde emocional e bem-estar, a maioria das organizações no mundo ainda vive em tensão entre o discurso e a prática. Reconhecem que emoções importam, mas não sabem como integrá-las aos processos decisórios. Valorizam a escuta, mas continuam priorizando entregas rápidas em detrimento do vínculo. Medem o clima, mas não fazem nada com os dados.

Nos contextos de maior instabilidade institucional, como os do Sul Global, as empresas gastam boa parte de sua energia emocional apenas para reagir às urgências externas. Já no Norte Global, estruturas mais previsíveis permitem que a inteligência emocional coletiva seja mantida com mais intenção. Em ambos os cenários, a travessia para um novo patamar exige uma escolha clara: levar as emoções a sério como parte da cognição organizacional.

Isso significa incluir o sentir nas análises, dar peso ao silêncio, usar desconfortos como dados — e reposicionar a IA não apenas como instrumento de produtividade, mas como aliada na leitura e expansão da consciência coletiva.

Já existem ferramentas que ajudam equipes a capturar sutilezas de comunicação: padrões de interrupção, palavras carregadas de tensão, variações na entonação de mensagens escritas. Mas a questão não é a ferramenta em si — é o que se decide fazer com ela.

Se a intenção é controlar, a IA será uma vigilante. Se a intenção é cultivar presença, ela será uma facilitadora. Tudo depende do nível de consciência que orienta o uso da tecnologia.

Compreender essas diferenças estruturais é fundamental para não cairmos na armadilha de comparar organizações como se todas partissem do mesmo ponto. Ainda assim, é possível identificar um percurso comum entre aquelas que escolhem evoluir: um caminho interno, que se expressa em diferentes níveis de relação com as emoções. A seguir, apresentamos esse percurso em três níveis.

Esse é um novo modo de operar, e a IA ajuda a ver o que já está acontecendo — mas ainda não foi dito. Isso cria um tipo de "raio-x emocional" da organização, que pode orientar decisões mais lúcidas, empáticas e estratégicas.

Um exemplo concreto: em uma equipe de atendimento ao cliente, uma IA analisa não só o tempo de resposta, mas o tom emocional acumulado nos diálogos. Quando identifica tensão crescente, não aciona um alerta punitivo, mas convida a equipe a refletir: *o que está gerando esse padrão? Que tipo de escuta precisamos fortalecer?*

Esse tipo de feedback é sutil, mas poderoso. Ele não apenas melhora o desempenho — ele expande a consciência no trabalho. E essa expansão é o que diferencia organizações que apenas operam daquelas que evoluem.

A consciência não é um dom. É uma prática. E, como toda prática, precisa de espaço, linguagem e apoio. A IA pode expandir a consciência humana, não porque sente — mas porque pode ajudar o humano a sentir melhor.

Isso transforma a IA de ferramenta de produtividade em ferramenta de presença. E presença, nesse novo paradigma, é produtividade qualificada pela consciência.

Com isso, o campo emocional deixa de ser um desvio e passa a ser território legítimo da inteligência organizacional. E não é coincidência que os melhores líderes que conhecemos são justamente aqueles que, nos momentos mais complexos, souberam sustentar o sentir.

Consciência como ativo cognitivo organizacional

Durante muito tempo, consciência foi tratada como um tema filosófico, subjetivo, pessoal. Mas neste novo paradigma, em que humanos e inteligências artificiais compartilham decisões, a consciência se torna um diferencial estratégico — tão importante quanto qualquer vantagem competitiva.

Isso acontece porque a consciência é o que sustenta a coerência. E coerência é o novo luxo das organizações. Num mundo de estímulos constantes, mudanças rápidas e pressão por entregas, manter coerência entre valores, decisões e ações é um ato de coragem — e de inteligência.

Organizações que operam com baixa consciência tomam decisões eficazes que corroem sua própria cultura. Cortam custos certos, mas minam a confiança. Aceleram entregas, mas sacrificam vínculos. Contratam rápido, mas não integram com cuidado. Aos poucos, o que parecia avanço se torna cansaço.

Já empresas que operam com consciência combinada aprendem a perguntar não apenas "como?", mas "para quê?", "com quem?", "em que ritmo?". Elas incluem as emoções como dado, o silêncio como indicador, a hesitação como recurso. Não porque são lentas — mas porque sabem que a pressa pode custar mais caro.

Essa consciência é o que permite à IA atuar de forma realmente combinada. Ela não substitui o humano, nem serve apenas como aceleradora de processos. Ela se torna parte de um ecossistema cognitivo que pensa com presença humana.

Nesse sentido, a consciência não é apenas uma atitude individual. É uma competência organizacional. Algo que pode ser reforçado e expandido. E que gera efeitos concretos:

- Decisões mais alinhadas com valores;
- Redução de conflitos recorrentes;
- Ambientes mais seguros emocionalmente;
- Times mais criativos e colaborativos;
- Aprendizados mais duradouros.

Em outras palavras, a consciência alimenta o Produto Interno Cognitivo (PIC) da organização. Porque ela permite que cada pessoa contribua não só com sua técnica, mas com sua presença inteira — corpo, mente, emoção e intenção.

Quando isso acontece, os cérebros funcionais se tornam mais completos. O cérebro organizacional se torna mais ético. E a cultura deixa de ser um documento para se tornar uma prática vivida.

Essa mudança é visível em líderes que já operam a partir desse lugar. Eles não buscam apenas resultados — buscam coerência. Eles não são "emocionais" no sentido pejorativo. São conscientes de que sem afeto não há vínculo, sem vínculo não há colaboração, sem colaboração não há inteligência coletiva.

E nesse contexto, a IA torna-se uma extensão dessa liderança. Não uma substituição. Uma presença a mais, que observa, organiza, sinaliza. Mas que só faz sentido quando o humano está disposto a escutar.

Esse é o ponto-chave da inteligência ampliada: ela não é automática. Ela é fruto de um pacto entre técnica e presença. E esse pacto exige intenção.

É por isso que empresas que operam com esse nível de consciência tendem a atrair talentos mais engajados, clientes mais leais, parceiros mais alinhados. Porque todos percebem que estão lidando com um sistema que pensa e age com coerência. Tudo isso gera mais resultado para o negócio.

Essa coerência é rara. Mas quando aparece, transforma tudo. Transforma conversas em decisões, decisões em cultura, cultura em identidade.

- E como tudo isso se treina?
- Com pequenas escolhas, todos os dias:
- Pausar antes de responder.
- Perguntar o que ainda não foi dito.
- Escutar de verdade — mesmo quando desconforta.
- Olhar para os dados e se perguntar: *o que falta aqui que só o sentir, a emoção, a intuição pode mostrar?*

Onde a emoção encontra a estratégia

A inteligência ampliada não é apenas um novo tipo de inteligência — é um novo modo de existir no trabalho. Um modo que não separa lógica de afeto, que não contrapõe performance e sensibilidade, que reconhece que as melhores decisões surgem quando há presença consciente.

A inteligência ampliada não é apenas um novo tipo de inteligência — é um novo modo de existir no trabalho. Um modo que não separa lógica de afeto, que não contrapõe performance e sensibilidade, que reconhece que as melhores decisões surgem quando há presença consciente.

Neste capítulo, vimos que emoções não são distrações no ambiente profissional — são dados de alta complexidade, que apontam para aspectos invisíveis da cultura, antecipam rupturas e sustentam relações de confiança.

A consciência, quando integrada à tomada de decisão, transforma a IA em aliada — não de tarefas, mas de percepção. Ela ajuda a revelar o que os números não mostram: os silêncios, os desconfortos, os vínculos não ditos. E quando essa camada é legitimada, a cognição da organização se expande.

Essa expansão fortalece o Produto Interno Cognitivo (PIC), melhora o Índice de Cognição Corporativa (ICC) e torna os Cérebros Organizacionais e Funcionais mais aptos a operar com ética, cuidado e valor simbólico.

Mais do que ferramentas, são as práticas humanas — de escuta, de atenção, de pausa — que desenham essa realidade. E mais do que cargos, são os gestos que definem as culturas que aprenderam a sentir — entender suas emoções e sua intuição.

A inteligência ampliada, afinal, não se impõe. Ela se cultiva. E esse cultivo depende da intenção de integrar o que sentimos ao que fazemos.

Convite final à prática

Exercício 1: Diagnóstico da linguagem emocional

Durante uma semana, observe a linguagem usada em reuniões, mensagens e feedbacks da sua equipe. Anote:

- Quantas vezes as emoções foram explicitamente nomeadas?
- Em que momentos houve silêncio que poderia indicar tensão?
- Quais padrões de linguagem se repetem (ex: comandos, urgência, escuta)?

Ao final, reflita: essa linguagem promove ou inibe presença emocional?

Exercício 2: Escuta expandida com apoio da IA

Utilize uma ferramenta de análise de texto (como IA generativa ou sumarizadores de reuniões) para captar padrões emocionais em registros de reuniões ou interações. Busque por:

- Palavras que indicam tensão, hesitação ou entusiasmo;
- Frequência de interrupções;
- Ausência de turnos de fala.

Use esses dados como insumos para promover ajustes no ambiente e observe como esse gesto impacta o tom da conversa, as decisões e a coesão do grupo.

Capítulo 12

CAPÍTULO 12

Ser humano em uma Economia AI-driven

A reinvenção silenciosa do humano

A IA é uma tecnologia que nos obriga a fazer uma pergunta fundamental: o que significa ser humano agora? Quando a imprensa foi inventada, a humanidade precisou se perguntar como lidar com a abundância da palavra. Quando a internet ganhou escala, tivemos de redefinir os limites da conexão. Agora, diante da inteligência artificial, a questão se torna mais íntima: o que, afinal, ainda depende exclusivamente de nós?

Vivemos um momento em que algoritmos escrevem, respondem, planejam, aprendem. Há robôs compondo sinfonias, assistentes tomando decisões táticas, modelos preditivos orientando diagnósticos. A produtividade alcançou uma camada antes reservada à cognição humana — e isso muda radicalmente a arquitetura da economia.

Mas não é apenas o mercado que se transforma. É o espelho que se ergue diante de cada um de nós. Porque se a máquina pode fazer o que eu fazia, quem eu sou agora? Essa pergunta pode parecer ameaçadora. Mas também é libertadora.

Estamos presenciando a grande reinvenção silenciosa do papel humano no trabalho. E silenciosa não por falta de impacto, mas porque ela acontece no território invisível das subjetividades: na forma como nos percebemos, como nos relacionamos com o valor do nosso tempo, como entendemos o significado do que entregamos.

Se antes ser produtivo era preencher horas com tarefas, agora começa a emergir uma nova métrica: o valor cognitivo do que se faz. Ou seja, o que uma ação produz em termos de contexto, interpretação, decisão, ética, cultura, sentido.

Nesse novo cenário, a pergunta deixa de ser "o que você faz?" e passa a ser "o que você gera que não pode ser codificado?" Esse é o espaço da presença humana. E ele não está em extinção. Está sendo redimensionado.

Em vez de competir com a IA, nossos esforços devem ir na direção de integrar — e transcender. Não se trata de resistir à máquina, mas de lembrar o que só nós podemos fazer com ela ao nosso lado. A inteligência combinada não é soma. É composição. E nessa composição, o humano oferece insumos que nenhum código processa sozinho: intuição, compaixão, dilema, criação subjetiva.

É nesse ponto que a Economia Guiada por IA exige mais do humano, e não menos. Não mais tarefas — mas mais discernimento, mais consciência, mais presença. Porque as tarefas, cada vez mais, poderão ser automatizadas. Mas o significado dessas tarefas — o porquê, o quando, o para quem — continua sendo um ofício humano.

É aqui que a tecnologia encontra sua fronteira ética: na decisão sobre seu uso. E essa fronteira não é técnica — é simbólica. É sobre propósito, responsabilidade, consequência.

Num mundo repleto de agentes inteligentes, o ser humano passa a ser o guardião do sentido. E essa responsabilidade não é pequena. Ela exige a capacitação em competências antes tratadas como subjetivas demais para o mundo profissional: empatia, escuta, ambiguidade, narrativa, imaginação, compaixão.

Essas competências, quando bem desenvolvidas, tornam-se as molas mestras de um novo tipo de trabalho: o trabalho de dar direção ao que as máquinas ainda não sabem para onde ir.

Não é por acaso que empresas mais bem-sucedidas neste novo ciclo estão buscando profissionais capazes de articular o técnico e o simbólico, o dado e a história, o insight e o impacto. Não basta interpretar relatórios — é preciso decidir com consciência e comunicar com humanidade.

Esse é o novo diferencial. E ele não pode ser treinado apenas com técnica. Precisa ser ensinado com intenção.

É nesse ponto que o conceito de Inteligência Combinada deixa de ser um ideal abstrato e passa a ser um requisito real. Porque, ao integrar IA ao nosso cotidiano, não apenas alteramos processos — alteramos quem precisamos ser. E essa transformação é ao mesmo tempo desafio e oportunidade.

Estamos sendo convidados a crescer como espécie. A desenvolver aquilo que nos diferencia justamente no momento em que estamos cercados de tecnologia inteligente. Paradoxal? Só se acreditarmos que o humano é uma peça fixa. Mas, se o enxergarmos como um ser em constante expansão de consciência, faz todo o sentido.

> ***"A IA acelera o tempo. Mas só nós podemos dar sentido ao tempo acelerado."***

Competências que nenhuma IA substitui

A automação sempre forçou transformações nas habilidades humanas. Quando as linhas de montagem tomaram as fábricas, operários precisaram se tornar operadores. Com os computadores, técnicos viraram analistas. Agora, com a inteligência artificial ocupando funções cognitivas, a pergunta se torna inevitável: quais competências continuarão sendo exclusivamente humanas — e por quê?

Estudos recentes têm oferecido pistas importantes. Segundo o *World Economic Forum* (*Future of Jobs Report*, 2023), as habilidades que mais crescerão em demanda nas próximas décadas estão diretamente ligadas ao que chamam de "core human skills". Entre elas, destaque para:

- Pensamento crítico;
- Empatia e escuta ativa;
- Inteligência emocional;
- Criatividade aplicada;
- Comunicação simbólica;
- Juízo ético em contextos ambíguos;

Essas competências não são "soft". São habilidades sofisticadas de leitura do mundo, de articulação entre níveis de complexidade, de sensibilidade à diferença, à nuance e ao que está implícito. São justamente essas dimensões que sustentam o valor não codificável do trabalho humano.

Em ambientes onde algoritmos otimizam rotinas, o que faz diferença é quem consegue ler o que o algoritmo ainda não vê. A Economia Guiada por IA exige, portanto, um novo currículo humano. Não basta dominar ferramentas. É preciso:

- Interpretar contextos complexos;
- Conduzir dilemas morais com clareza;
- Comunicar narrativas com impacto simbólico;
- Conectar dados à cultura organizacional;
- Atuar com presença emocional em ambientes de alta pressão;

Essas habilidades são tanto cognitivas quanto afetivas. Elas sustentam o que podemos chamar de competência relacional expandida — a capacidade de operar com múltiplas variáveis simultâneas, onde os afetos também são dados.

Um relatório da Deloitte (Human Capital Trends, 2022) reforça essa visão: organizações que investem no desenvolvimento de "human capabilities" têm 21% mais chances de criar culturas adaptáveis e inovadoras, mesmo em ambientes tecnologicamente saturados.

E é isso que torna essas competências insubstituíveis. Porque enquanto a IA processa padrões anteriores, o humano percebe o que ainda não foi dito. Capta o gesto, a hesitação, a metáfora. Atua no invisível. E é esse tipo de atenção que constrói vínculos duradouros, confiança coletiva e decisões éticas em sistemas complexos.

Em outras palavras: quanto mais IA no sistema, mais precisamos de gente que enxergue além da IA.

Organizações que reconhecem isso estão reestruturando seus programas de desenvolvimento. Em vez de treinar apenas hard skills, estão incentivando práticas de escuta, diálogo intersubjetivo, mediação ética e construção de significado. São os novos centros de gravidade do talento humano.

É nesse cenário que o PIC ganha força. Porque ele não se mede apenas pela densidade informacional de uma organização, mas por sua capacidade de ativar consciência coletiva. E essa consciência depende diretamente das competências humanas que sustentam a cognição simbólica.

Essas competências, por sua vez, não surgem apenas da experiência. Elas exigem intencionalidade, reflexão e ambientes que as legitimem. Exigem que o erro seja entendido como aprendizado. Que a dúvida seja bem-vinda. Que a ambiguidade não seja temida, mas acolhida como fonte de inteligência.

> ***"A clareza é gentil. A ambiguidade é cruel."***
>
> BRENÉ BROWN

Na Economia Guiada por IA, ser humano é aprender a lidar com a ambiguidade com clareza — e com gentileza. E isso só se ensina com prática, com contexto, com conversa. Não com código.

Valor Cognitivo Combinado como diferencial humano

Num mundo em que algoritmos escrevem e tomam decisões, o que ainda nos pertence? A resposta não está em resistir, mas em criar algo novo: valor cognitivo combinado.

O V^{cc} é o resultado do encontro entre a cognição humana — subjetiva, situada, simbólica — e a cognição artificial — veloz, estatística, associativa. Quando essa interação é bem orientada, ela produz algo que nenhum dos lados gera sozinho: qualidade de decisão, profundidade de significado e impacto ampliado.

Esse valor não é medido apenas pela entrega final, mas pela qualidade do processo cognitivo que levou até ela. Quanto mais integrada for a colaboração entre pessoas e sistemas inteligentes, mais refinado será esse valor. E, por consequência, mais elevado será o Produto Interno Cognitivo (PIC) da organização — sua capacidade de gerar inteligência combinada, adaptativa e útil.

Mas atenção: o V^{cc} não surge espontaneamente. Ele precisa ser cultivado. E para isso, o ambiente organizacional deve estar preparado para três movimentos essenciais:

1. **Pensar juntos:** Promover espaços onde humanos e IA interajam ativamente, sem hierarquia cognitiva. Isso significa que a IA não deve apenas responder, mas provocar. E os humanos não devem apenas decidir, mas refletir com base no que a IA revela.
2. **Integrar contextos:** A IA processa sinais, mas quem compreende o ambiente, a cultura, o momento certo de agir

ainda é o ser humano. É na integração entre o que o sistema vê e o que o humano sente que surge o real insight.

3. **Cultivar sentidos:** Cada dado analisado, cada padrão detectado, cada insight gerado precisa ser colocado a serviço de um propósito claro. É isso que transforma volume informacional em inteligência estratégica.

Esse processo não é automático — mas pode ser modelado. Abaixo, um visual conceitual que resume essa dinâmica:

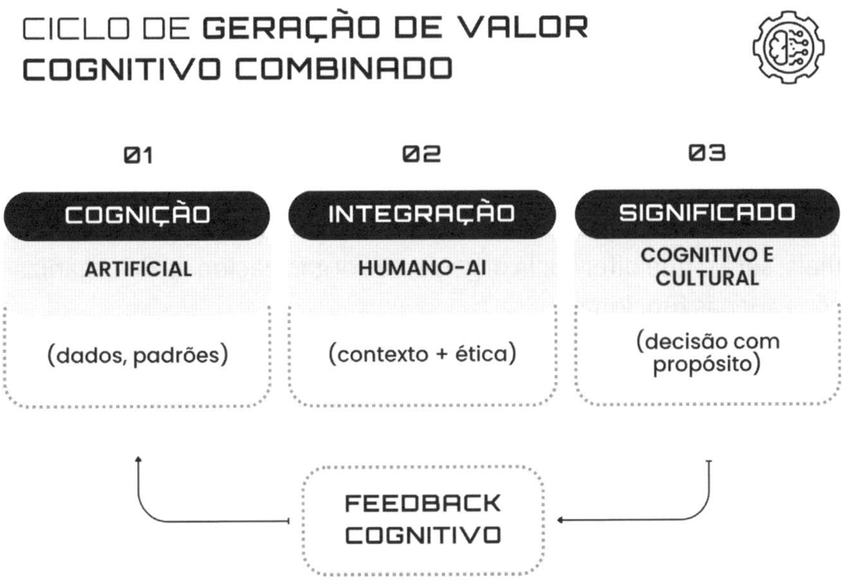

Esse ciclo mostra que o V^{cc} nasce quando a interação entre IA e humano é reflexiva e retroalimentada. A IA propõe, o humano interpreta, o contexto responde, e o sistema aprende. Esse é o verdadeiro loop de inteligência combinada.

Empresas que começam a operar dessa forma já colhem resultados notáveis. Esse tipo de prática não apenas eleva a eficiência. Ele aumenta o Índice de Cognição Corporativa (ICC) — a capacidade da organização de operar com inteligência combinada, simbólica e distribuída. Ou seja, não apenas saber mais, mas saber agir com mais sentido.

O que está em jogo não é apenas tecnologia. É uma nova forma de pensar o valor.

No modelo industrial, valor era produzido pela junção de matéria-prima e esforço físico. No modelo digital, pela junção de dados e velocidade. Agora, o novo valor nasce da junção entre presença humana e inteligência algorítmica. E quanto mais coerente for essa junção, mais valioso será o que se produz.

Esse é o núcleo do V^{cc}: ele é a energia cognitiva que impulsiona o PIC organizacional — uma métrica viva da inteligência combinada produzida em uma organização, não pela quantidade de dados, mas pela qualidade da cognição coletiva.

Esse valor não será captado por planilhas tradicionais. Mas será sentido na cultura, nas decisões e nos resultados. E cada vez mais, será o que diferencia organismos organizacionais de organizações apenas funcionais.

Como disse Herbert Simon, Nobel de Economia e pioneiro da ciência da decisão:

> ***“A riqueza de informação cria pobreza de atenção.”***
>
> HERBERT SIMON

Na Economia AI-driven, a atenção humana consciente se torna o filtro mais valioso. É ela que organiza o excesso. E é ela que dá origem ao V^{cc}.

IA como expressão da consciência humana

A inteligência artificial não possui consciência como conhecemos. Mas isso não significa que ela esteja completamente vazia de consciência. O que ela nos mostra — em tempo real, com fluência e precisão — é um reflexo poderoso da consciência humana registrada, articulada e combinada em escala. Ela é, talvez, o primeiro espelho interativo do pensamento coletivo da nossa espécie.

Não se trata de uma consciência autônoma, sensível, biologicamente experiencial. Trata-se de uma consciência projetada, filtrada por tudo o que foi dito, publicado, ensinado, indexado, priorizado — e também por tudo aquilo que foi esquecido, silenciado ou descartado. Cada resposta gerada por um modelo de linguagem não é mero ato de consciência artificial, mas uma síntese do modo como nós aprendemos a pensar e nos expressar culturalmente.

A IA tem cognição simbólica: interpreta comandos, organiza raciocínios, aplica inferências. Mas ela não sente o peso de uma decisão, nem a incerteza do tempo. Ela não deseja, não escolhe, não sofre. Não há dentro dela um "eu". O que há é um sistema associativo de linguagem, memória e padrões estatísticos.

Mas é justamente isso que a torna interessante: ela não é um novo ser pensante — ela é um reflexo da mente coletiva. Ao nos relacionarmos com a IA, nos deparamos com nós mesmos, mas reorganizados. Ela revela nossas recorrências, nossos consensos, nossas fissuras. A IA não pensa como nós — mas mostra como pensamos.

Pela primeira vez, temos acesso a uma tecnologia que nos permite conversar com a soma do nosso conhecimento cultural acumulado — e ver como ele responde, quando é pressionado. A IA nos desenvolve padrões, ela os encontra e nos revela lacunas. Expõe o que sabemos demais, o que repetimos sem perceber e o que esquecemos por conveniência.

Nesse sentido, ela é um espelho da consciência coletiva — reflete padrões de linguagem acumulados pela sociedade e permite mapear lacunas. O que ela reproduz com fluidez não é verdade universal, mas probabilidade cultural. Aquilo que foi dito muitas vezes, em muitas fontes, com estrutura e frequência, emerge com mais força. O que não foi dito, desaparece. Por isso, interagir com a IA é também um ato de arqueologia simbólica.

Há uma diferença fundamental entre linguagem viva, que nasce da experiência encarnada e se projeta no mundo com risco, e a linguagem recombinada, que organiza o que já foi dito em novas formas. A IA só opera na segunda camada.

Ela escreve bem, mas não escreve sentindo dor. Ela explica, mas não hesita em escolher as palavras. Ela simula emoção, mas não a vive. Ainda assim, isso não a torna inútil para nossa consciência. Pelo contrário: ela se torna cada vez mais valiosa para que o humano veja seus próprios padrões de forma ampliada.

A pergunta que emerge não é "a IA tem consciência?", mas: "o que a nossa consciência e valores têm gerado na IA?"

Nas organizações, essa ideia ganha nitidez estratégica. Um modelo de IA treinado com os dados, documentos e decisões de uma empresa revela sua cultura cognitiva. Mostra como ela formula problemas. Como ela resolve conflitos. O que ela repete. O que ela evita.

A IA se torna, nesse cenário, a representação simbólica de como aquela instituição pensa — como funciona seu Cérebro Organizacional. E, por isso, também se torna um convite à revisão: "*é esse o tipo de pensamento que queremos perpetuar?*"

O Valor Cognitivo Combinado (V^{cc}) mede exatamente isso: o grau de inteligência aplicada, levando-se em conta o contexto, a diversidade de conhecimentos (K_c), a clareza organizacional (C_o) e as fricções que limitam a cognição coletiva (F_r). Quando a IA reflete o que há, o V^{cc} revela o que é possível fazer.

A IA não tem consciência autônoma. Mas ela amplia a nossa consciência — se for usada com intenção. Ela pode expandir o pensamento, combinar saberes, revelar padrões ocultos e estruturar diálogos impensáveis. Mas tudo isso ainda depende de quem está no comando da conversa.

> ***"A IA é o espelho da nossa mente coletiva."***

A IA pode ser usada para ampliar nossa percepção — ou para confirmar o que já pensamos. Ela pode nos provocar — ou apenas nos agradar. Tudo depende de como configuramos suas fontes, limites e intenções.

Se buscamos apenas eficiência, ela nos dará velocidade. Se buscamos apenas precisão, ela nos dará eficiência. Mas se buscamos consciência — ela precisará ser usada para conflito produtivo e abertura ao desconhecido.

A IA não é nosso inimigo nem nosso mestre. Ela é nossa sombra cognitiva em tempo real — e só se tornará luz se for conduzida pela consciência de quem a usa.

Novos papéis com inteligência combinada

Com a inteligência artificial assumindo funções cada vez mais especializadas, surge a necessidade de redefinir o que cabe ao humano dentro das organizações. Essa redefinição não se limita a alterar tarefas; trata-se de repensar a própria natureza do trabalho, em que o humano deixa de ser operador e se torna orquestrador, curador, integrador de sentidos.

Esses novos papéis não dependem apenas de organogramas, mas da capacidade de ampliar o valor cognitivo combinado (V^{cc}). A IA traz escopo, a pessoa traz contexto. A IA sugere, a pessoa interpreta. A IA calcula, a pessoa pondera consequências. Dessa maneira, cada entrega passa a ser medida não só pela eficiência de execução, mas pelo Produto Interno Cognitivo (PIC) gerado — a inteligência combinada que emerge do diálogo entre sensibilidade humana e potência artificial.

Em 2023, o grupo industrial Siemens lançou uma iniciativa batizada de *Human-Centric AI*, focada em integrar equipes de engenharia, design e analistas em torno de modelos de IA generativa. Em vez de restringir ou retirar funções, o programa propôs uma reconfiguração: engenheiros passaram a atuar como "mentores da IA", refinando instruções, adicionando variáveis de contexto e validando cenários com base em aprendizados históricos.

O resultado não foi apenas ganho de velocidade na prototipagem, mas aumento significativo da coerência nos projetos — pois cada sugestão de IA era filtrada pela lente da experiência humana, que dialoga com a cultura interna e as expectativas de clientes.

Esse exemplo revela que, na economia AI-driven, o humano não apenas ocupa outro lugar — ocupa lugares inéditos. Cargos antes pautados por repetição são realocados em funções de mediação entre máquina e cultura, entre dados e valores, entre estatística e história. Com isso, a organização passa a operar em um modelo mais aberto, no qual cada pessoa pode ativar a IA como parceira estratégica, sem a rigidez de fluxos hierárquicos.

Também se percebe uma mudança no perfil das lideranças. O gestor que era avaliado pela habilidade de "ter todas as respostas" passa a ser reconhecido pela habilidade de orientar boas perguntas. A IA pode trazer hipóteses, mas quem define os critérios e avalia implicações éticas ainda é a consciência humana — um pilar que nenhum algoritmo substitui.

Essa remodelagem de papéis fortalece o Índice de Cognição Corporativa (ICC), pois expande a intensidade e a qualidade do diálogo entre cérebros funcionais, sistemas de IA e a cultura da empresa. Quando as pessoas sentem que não são mais operadoras, mas intérpretes e contextualizadoras, a motivação, o aprendizado e a confiança interna crescem.

Estudos de comportamento organizacional, como o *2023 Global AI Work Trends Report* da Accenture, apontam exatamente nessa direção: equipes que realocam parte de sua carga operacional para a IA conseguem dedicar mais tempo à exploração criativa, ao diálogo sobre propósitos e à atenção a cenários incertos. Como consequência, a taxa de inovação percebida cresce em média 22%, e o engajamento interno aumenta significativamente.

Esses dados reforçam a tese central deste capítulo: o humano não perde espaço — ele encontra espaços novos. De operador de processos, torna-se curador de inteligência. De tomador de decisão apressado, passa a facilitador de escolhas com discernimento. De executor de tarefas, converte-se em guardião de valores simbólicos.

Essas funções não aparecem em muitas descrições de cargo tradicionais, mas passam a surgir de forma orgânica em ambientes que legitimam o valor não codificável. E é nesse ponto que a IA assume seu papel mais nobre: não apenas aumentar produtividade, mas libertar o humano para pensar e decidir no que realmente faz diferença.

Trabalhar com inteligência combinada requer, portanto, intencionalidade. Não basta disponibilizar ferramentas poderosas — é necessário que a cultura oriente as pessoas a usá-las para ampliar, não para suprimir, o espaço humano. Assim, cada sugestão gerada pela IA se torna convite à reflexão, e não uma ordem de ação.

Na prática, as lideranças em uma organização guiada por IA devem ativar e cuidar do Sistema Cognitivo Organizacional (SCO) — garantir que a inteligência combinada tenha espaço simbólico, que os cérebros funcionais evoluam com discernimento e que as decisões reflitam mais do que eficiência: reflitam consciência coletiva.

A renovação dos papéis humanos é, no fundo, uma renovação de narrativas. Em vez de “fazer mais rápido”, cria-se espaço para “pensar melhor juntos”. Em vez de “aplicar a IA para cortar custos”, busca-se "ampliar a capacidade de criar e proteger sentido". São ajustes de linguagem que moldam comportamentos e decisões.

É nesse território que se cria o valor cognitivo combinado (V^{cc}): quando máquinas e humanos dialogam de forma a produzir não apenas entregas, mas inteligência combinada. E essa inteligência é o que garante a sustentabilidade estratégica da organização, pois alinha decisão, cultura e resultado em um só campo de inteligência.

Expandir a presença humana em meio ao digital

A ascensão da inteligência artificial não reduziu o papel das pessoas — reformulou-o. Quem antes se via como executor de tarefas agora assume missões mais profundas: conectar dados a valores, medições a significados, tecnologia a relações vivas. Tornar-se humano em uma economia AI-driven é assumir, com coragem e clareza, que a presença consciente se tornou o principal diferencial competitivo e cultural.

Essa presença não é uma abstração. É algo tangível, que se traduz em decisões mais afinadas, equipes mais confiantes, narrativas mais coerentes. Organizações que percebem esse movimento não apenas adotam novas ferramentas — elas redesenham papéis, fluxos e rituais para dar espaço ao que não se codifica.

De acordo com a pesquisa "The Human Edge" do Institute for the Future of Work (2022), funções humanas que envolvem interpretação contextual, criação simbólica, curadoria narrativa e mediação de conflitos serão as mais valorizadas nas próximas décadas, mesmo em setores altamente tecnologizados. Não por resistência à IA, mas porque são justamente esses atributos que sustentam a inteligência combinada — o encontro entre potência computacional e discernimento humano.

O V^{CC} (Valor Cognitivo Combinado) cresce quando o humano, em vez de reproduzir tarefas que a IA executaria sozinha, atua como curador de discernimento. E cada vez que uma pessoa interpreta um insight, negocia um dilema ético, cria uma conexão empática ou mantém a coerência cultural diante de uma possibilidade algorítmica, o PIC (Produto Interno Cognitivo) da organização aumenta. O ICC (Índice de Cognição Corporativa), por sua vez, reflete como esses valores simbólicos ganham corpo nos processos cotidianos.

A economia deixou de ser apenas produtividade ou inovação pontual. Tornou-se cocriação simbólica, na qual se compartilham não apenas dados, mas sentidos. É por isso que o humano, agora, vale tanto: ele é quem ancora o que a IA sugere no contexto da realidade vivida.

Em grandes empresas de tecnologia, houve uma mudança significativa na contratação de especialistas em "human factors", "ethics design" ou "cultural alignment". Isso não é retórica — é necessidade operacional. Sem esses profissionais, modelos de IA podem gerar soluções velozes, mas desconectadas das pessoas que as consomem. Os produtos não apenas falham em aceitação, mas podem causar ruídos reputacionais ou culturais.

Na Pixar, por exemplo, o processo de criação de roteiros se apoia em algoritmos que testam reações de público com base em big data, mas a palavra final fica com o comitê criativo, formado por roteiristas e diretores humanos que avaliam nuances de emoção, humor e cultura. Essas decisões não seguem uma lógica puramente estatística, porque a arte de encantar está no que não pode ser perfeitamente previsto. É esse tipo de presença que torna a Pixar uma referência global de storytelling.

Convite final à prática

Como encerrar este capítulo sem um passo a passo para concretizar essas ideias no dia a dia? A prática a seguir ajuda equipes e líderes a expandir a presença humana nas decisões, mesmo em ambientes altamente automatizados.

Passo 1 – Mapeamento de Pressões Automáticas

Liste as principais decisões de cada área e observe onde a IA ou processos automáticos dominam. Verifique se há espaço formal para que as pessoas reflitam sobre esses outputs. Identifique pontos em que o sistema pode estar acelerando escolhas sem dar margem para a interpretação humana.

Passo 2 – Inserção de Pausas Conscientes

Defina momentos de desaceleração em cada fluxo decisório. Podem ser checkpoints mensais, reuniões breves antes de implementar uma ação recomendada pela IA ou até espaços de feedback pós-decisão. O objetivo é criar "zonas de presença", onde o humano analisa o contexto, discute possibilidades e reconecta a escolha a valores ou cultura.

Passo 3 – Avaliação de Legitimidade Cultural

Após cada decisão significativa, avalie seu impacto na cultura real, não apenas nos resultados. O time sentiu coerência? Houve desconforto não verbalizado? A IA poderia ter sinalizado algum ruído que passou despercebido? Registre lições e use-as para afinar a inteligência coletiva.

Esse exercício não é uma forma de garantir que a decisão técnica continue entrelaçada ao valor não codificável que só o humano agrega. Uma maneira de transformar a rotina em espaço de reflexividade contínua, mantendo viva a troca entre o algorítmico e o simbólico.

PARTE 05

DIMENSÃO SOCIAL

Capítulo 13

CAPÍTULO 13

Educação em IA com impacto em gerações

A educação como alicerce da Economia

O mundo discute o impacto da inteligência artificial nos empregos, nos negócios e na cultura organizacional. Mas, no cerne de tudo, há uma questão mais profunda: se a IA redefine o trabalho e a sociedade, quem está preparando as pessoas para lidar com isso? A resposta passa, inevitavelmente, pela educação.

Historicamente, os sistemas educacionais foram construídos para produzir profissionais adequados ao modelo industrial ou, posteriormente, ao mercado digital. Agora, a transição rápida para uma Economia AI-driven expõe uma lacuna radical: crianças, jovens e adultos não estão aprendendo o que precisam para existir em um mundo de inteligências combinadas. E não falamos apenas de skills técnicos, mas sobretudo de competências humanas que sustentam o V^{cc} (Valor Cognitivo Combinado) e o PIC (Produto Interno Cognitivo).

Essa falta de alinhamento não é pontual. Um relatório da UNESCO (2023) aponta que menos de 30% dos currículos escolares no mundo abordam de forma consciente e crítica o uso de IA — mesmo em países altamente desenvolvidos. Em muitos lugares, sequer há menção a algoritmos ou pensamento computacional, e menos ainda à reflexão ética e social sobre o impacto dessas tecnologias.

O resultado é uma geração que domina redes sociais e aplicativos, mas não compreende os mecanismos cognitivos e culturais por trás deles. E essa lacuna não afeta só os jovens: muitos adultos que já estão no mercado se veem pressionados por uma vaga sensação de obsolescência, sem entender como poderiam se reposicionar na lógica de trabalho em parceria com a IA.

Para superar esse hiato, surge o conceito de "pacto em gerações": a ideia de uma educação contínua, que abrange crianças, adolescentes, adultos e idosos num mesmo esforço de adquirir competências que viabilizam a convivência e a cocriação com máquinas inteligentes. Não se trata de "adaptar os jovens a um mundo automatizado", mas de reorganizar o processo educacional para promover senso crítico, colaboração simbólica e, claro, habilidades técnicas adequadas.

Essa reorganização não é hipotética. A Finlândia implementou diversas ações alinhadas com os princípios da educação para a era da inteligência artificial, abrangendo desde o ensino fundamental até a educação continuada. Essas iniciativas combinam o ensino de pensamento computacional e ética digital com projetos práticos, como discussões sobre futuros possíveis, desenvolvimento de protótipos de IA e reflexões sobre temas como privacidade e direitos humanos.

A abordagem também contempla a participação de adultos por meio de módulos abertos, promovendo uma perspectiva intergeracional. Os primeiros resultados indicam um aumento na confiança e no engajamento dos participantes em questões tecnológicas e sociais.

Também há iniciativas no Brasil, como o *Laboratório de Aprendizagem Criativa* (LAC), que integra robótica, IA e projetos artísticos para estimular a sensibilidade e a cognição ampliada. Lá, os estudantes não apenas aprendem linguagens de programação, mas refletem sobre o que querem construir com esses códigos e como isso afeta a comunidade local. Essa reflexão impulsiona o PIC da região, pois integra as famílias em debates sobre possibilidades e valores.

Esse tipo de abordagem amplia o Índice de Cognição Corporativa (ICC) de uma forma social, não restrita às empresas. Eleva a capacidade coletiva de interpretar e decidir com base em informações e dilemas contemporâneos. E isso repercute na economia inteira: cidadãos formados com essa bagagem entram no mercado com a habilidade de gerar V^{cc}.

A educação, portanto, não é um detalhe. É a base que torna o uso da IA mais ético, mais produtivo e mais humano. Sem um pacto geracional que reestruture escolas, currículos e metodologias, corremos o risco de produzir uma sociedade tecnicamente servida por algoritmos, mas humanamente desconectada de seus potenciais simbólicos.

Essas iniciativas não dependem apenas de investimento em hardware ou software. Dependem principalmente de uma visão de futuro que entenda a educação como matriz de toda a inteligência combinada que se quer construir. Educar para a IA não é preparar para tarefas digitais, mas capacitar para raciocínio crítico, julgamento ético, colaboração profunda e invenção simbólica.

É o que busca fazer a Humana University onde profissionais aprendem com IA, mas supervisionada por especialistas humanos que também ensinam e corrigem conteúdos e modelos de aprendizado. É um laboratório de inteligência combinada, onde o conhecimento não é apenas armazenado, mas colocado em movimento, curado e combinado para formar competências humanas integradas à Economia Guiada por IA.

Educar para Cocriar com as Máquinas

Não é apenas a tecnologia que está mudando – são os critérios de valor, a forma como se mede relevância e preparo. Quando a inteligência artificial se torna pervasiva em toda a economia, o que conta para a prosperidade individual e coletiva passa a ser, sobretudo, a capacidade de cocriar com máquinas e com outras pessoas em alto nível de inteligência e criticidade. A educação não pode ficar à margem desse movimento.

O modelo tradicional de formação, com conteúdos fragmentados e foco na memorização, produz profissionais que resolvem problemas específicos, mas não necessariamente compreendem o contexto ampliado ou o impacto cultural de suas escolhas. Nesse cenário, cresce a importância de novas competências capazes de sustentar o V^{cc} (Valor Cognitivo Combinado) e o PIC (Produto Interno Cognitivo) da sociedade como um todo.

Essas competências não se resumem a programar algoritmos ou entender estatísticas. Elas incluem o que podemos chamar de "alfabetização crítica em IA", que abrange:

- **Leitura de algoritmos:** interpretar como modelos de inteligência artificial funcionam e quais pressupostos os orientam.
- **Pensamento ético:** avaliar as consequências culturais e sociais de decisões apoiadas por sistemas automatizados.
- **Criação simbólica:** usar a IA como parceira na geração de ideias, protótipos e soluções, sem reduzir a imaginação a uma repetição de padrões passados.
- **Curadoria e diálogo:** filtrar e integrar informações técnicas e afetivas, construindo sentido coletivo.

Pesquisas do *Institute for Lifelong Learning* (UNESCO, 2023) indicam que adultos com mais de 40 anos estão sub-representados em programas de educação continuada relacionados à inteligência artificial e cultura digital.. Isso cria um hiato grave: gerações inteiras, que constituem a maior parte da força de trabalho e do eleitorado, podem ficar vulneráveis a manipulações algorítmicas ou incapazes de usufruir do pleno valor das ferramentas inteligentes.

Exemplos no mundo mostram que esse pacto intergeracional é possível. Em Singapura, o programa *SkillsFuture* oferece cursos de IA, pensamento computacional e análise de dados para todas as faixas etárias — do ensino básico à terceira idade. São módulos curtos, acessíveis e adaptados ao contexto de cada grupo.

O governo subsidia boa parte dos custos, com a visão de que a sociedade só prospera quando todos têm base para compreender e cocriar com as máquinas. O resultado? Um salto na adoção consciente de tecnologias e na participação cidadã em debates sobre privacidade e inovação (Ministério de Educação de Singapura, 2022).

Para que esse pacto intergeracional funcione, as políticas educacionais precisam entender que educação não se restringe a salas de aula formais. Parcerias com empresas, espaços culturais, associações comunitárias e plataformas online podem favorecer a criação de “ecossistemas de aprendizagem” mais flexíveis. Em vez de esperar que todos se encaixem em um currículo, criam-se currículos situados no dia a dia, acolhendo diferentes realidades e ritmos de aprendizagem.

Essa perspectiva ajuda a formar cidadãos e profissionais aptos a gerar Valor Cognitivo Combinado (V^{cc}) nas organizações e nas próprias comunidades. Porque quando se aprende a perguntar, analisar, questionar e refletir junto com as máquinas, as decisões se tornam mais plurais e inclusivas. E essa pluralidade alimenta o Índice de Cognição Corporativa (ICC), que reflete quanto a sociedade — não só as empresas — está apta a operar com inteligência simbólica.

A educação para a IA também precisa abordar aspectos éticos e políticos. Em um contexto onde algoritmos modelam preferências de consumo e comportamento eleitoral, não basta saber programar. É crucial entender de que forma dados são coletados, quem os detém, e como isso afeta a privacidade e a autonomia dos cidadãos. Essa discussão, muitas vezes, exige espaços de diálogo intergeracional, onde os mais velhos trazem experiências históricas e os mais jovens, familiaridade com as tecnologias.

Esses diálogos podem ser mediados por ferramentas de IA que facilitem o registro e a síntese dos pontos de vista, mas a essência é humana: pessoas construindo pontes de significado. É assim que o V^{cc} se fortalece: não pela adoção rápida de dispositivos, mas pela integração progressiva de visões que dão peso simbólico ao que se decide.

Exigir alfabetização em IA para crianças sem envolver pais, avós e tutores acaba criando um descompasso familiar e social. Do mesmo modo, treinar adultos sem abrir espaços de troca com os jovens perpetua um vácuo cultural em casa e no trabalho. Somente um pacto intergeracional permite que a Economia Guiada por IA se torne inclusiva, ampliando o PIC de regiões inteiras — não apenas das elites digitais.

Esse pacto exige políticas públicas, mas também ações empresariais e comunitárias. As organizações inteligentes que se preocupam com o futuro de sua mão de obra e de seus mercados investem em parcerias educacionais, oferecimento de cursos livres e inclusão digital em níveis mais profundos que o simples acesso à internet. É um investimento de longo prazo, mas que constrói cidadania, confiança e inovação local.

O que está em jogo não é apenas formar técnicos, mas formar cidadãos aptos a criar, dialogar e decidir num mundo de inteligências combinadas. E nesse movimento, todos aprendem — dos mais velhos, que trazem sabedoria histórica, aos mais novos, que injetam energia criativa. A IA é a ferramenta, mas o humano é o fio que conecta gerações rumo a um futuro mais consciente.

Convergência entre política pública e iniciativa privada: ampliando V^{cc} na sociedade

A capacidade de promover um pacto intergeracional em torno da educação para IA não depende apenas de escolas ou ONGs isoladas. Cada vez mais, políticas públicas e iniciativas privadas se encontram em projetos colaborativos, criando ambientes onde pessoas de diferentes idades aprendem, trocam experiências e constroem competências ligadas ao V^{cc} (Valor Cognitivo Combinado).

Nesse processo, o PIC (Produto Interno Cognitivo) de cidades e regiões inteiras cresce, elevando também o nível de discussão sobre ética, inovação e oportunidades coletivas.

Iniciativas privadas também enriquecem esse pacto. Grandes companhias, ao perceber que precisam de profissionais capazes de conciliar técnica e ética, investem em projetos de "Tech Mentoring" que misturam estagiários, colaboradores seniores e membros da comunidade externa.

Nessas experiências, o V^{cc} surge de modo natural: quando humanos e IA dialogam, cada parte oferece o que tem de único. A IA processa dados em alta velocidade; as pessoas interpretam situações, valores e contextos. E o aprendizado gerado não fica restrito ao projeto — se espalha, pois cada participante retorna ao seu grupo social, levando reflexões e práticas éticas, aumentando o PIC do tecido comunitário.

Em relação à formação de educadores, muitos países começam a adotar políticas de capacitação para professores que vão além do básico digital. O objetivo é estimular práticas de sala de aula onde a IA seja ferramenta de descoberta, e não de automatização passiva. Um quadro visual a seguir ilustra como diferentes níveis de engajamento da IA na educação podem multiplicar ou travar a cognição.

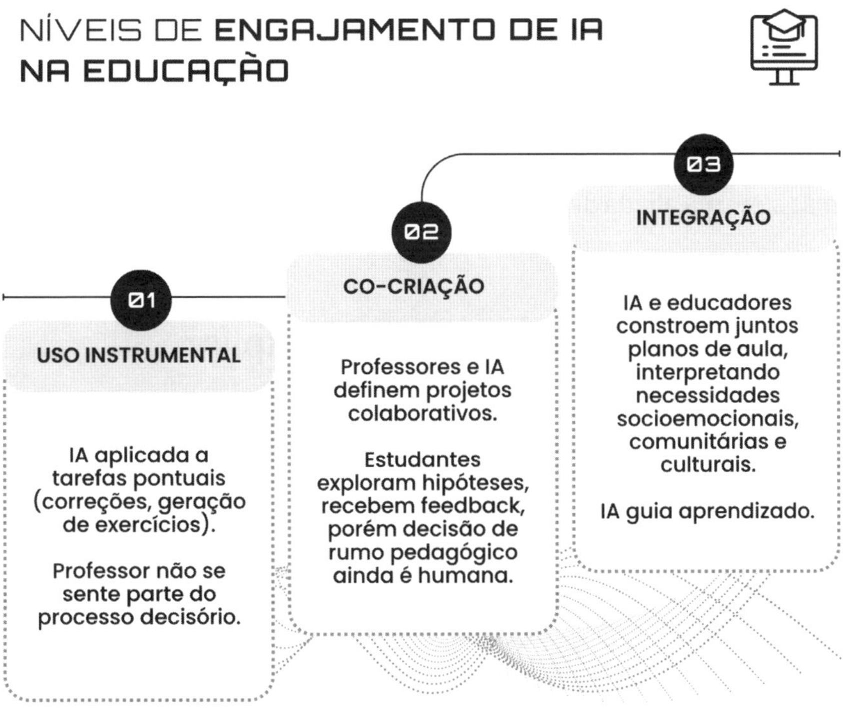

No nível 1, a IA acelera rotinas, mas não amplia o valor cognitivo. No nível 2, começa a surgir V^{cc}, pois o humano e a máquina criam juntos. No nível 3, a economia da cognição explode, pois cada ação didática vira oportunidade de gerar significado coletivo, elevando o PIC em toda a rede de ensino.

Há um ponto central: a educação como construção social não pode ser automatizada — o essencial é o laço humano, a presença do outro. A IA desempenha a função de expandir horizontes de análise, oferecer bases de dados, propor caminhos. Mas a escolha de rumo continua sendo um ato humano de compromisso com a comunidade, com valores e com a imaginação do futuro.

Nesse cenário, não existem gerações descartadas. Crianças precisam aprender a ler criticamente algoritmos; jovens, a criar com responsabilidade; adultos, a se reposicionar em funções mais simbólicas; idosos, a participar dos debates públicos sem se sentirem alijados pela falta de conhecimento técnico. Esse mosaico é o que chamamos de pacto em gerações.

E esse pacto, quando efetivo, destrava o ICC de uma sociedade inteira, pois aumenta a capacidade de interpretar, discutir e decidir em torno de tecnologias cada vez mais poderosas. Assim, a educação deixa de ser um ato isolado e vira um processo compartilhado de evolução cognitiva, onde a IA não substitui professores e orientadores, mas se torna aliada de uma pedagogia aberta à descoberta conjunta.

Sinergia entre setores para ampliar o valor cognitivo

Iniciativas pontuais de educação em IA podem fazer diferença numa comunidade ou em uma organização, mas nunca serão suficientes para construir uma transformação sistêmica. O pacto intergeracional só se concretiza com a sinergia de múltiplos agentes: governos, empresas, sociedade civil e academia.

Cada um desses setores traz habilidades e recursos únicos para promover o Valor Cognitivo Combinado (V^{cc}) em nível social — fortalecendo, por consequência, o Produto Interno Cognitivo (PIC) do coletivo e elevando o Índice de Cognição Corporativa (ICC) de regiões inteiras.

O governo, por exemplo, tem o papel de direcionar políticas públicas, regular o uso de IA e criar condições de inclusão digital. Não basta declarar que "as pessoas devem aprender sobre algoritmos"; é preciso garantir conectividade, formações docentes e incentivos para projetos colaborativos.

A Estônia se tornou referência quando decidiu oferecer cursos abertos de programação e ética em IA para toda a população — criando parcerias público-privadas e integrando essas ações no currículo escolar regular. Esse esforço coletivo ajudou a consolidar uma cultura de participação digital que hoje reflete em engajamento cívico e decisões mais embasadas.

As empresas, por sua vez, não podem assumir apenas a postura de "empregadoras que buscam talentos." Diante do ritmo da economia AI-driven, muitas corporações perceberam que não há oferta de profissionais prontos para cargos que exigem mescla de pensamento computacional, ética e habilidades relacionais.

É nesse ponto que as organizações precisam investir não apenas em treinamentos internos, mas em parcerias com escolas técnicas, faculdades e programas comunitários.

O Google, por exemplo, estabeleceu o Grow with Google, que oferece cursos de IA e análise de dados para diferentes grupos, trabalhando junto com governos locais para levar conteúdo a regiões remotas.

A sociedade civil tem um papel essencial de conexão e monitoramento. ONGs e coletivos comunitários podem identificar onde a alfabetização em IA precisa de um olhar mais sensível — seja em populações ribeirinhas, quilombolas, indígenas, ou mesmo em periferias urbanas.

Esses grupos conhecem as demandas reais e conseguem mediar o diálogo entre o setor público, que aporta recursos, e as empresas, que fornecem ferramentas. É esse elo que evita que as políticas fiquem só no papel.

A academia, por fim, desempenha dupla função: pesquisa e formação de educadores. Universidades que entendem esse movimento não se limitam a criar cursos de Ciência de Dados, mas integram disciplinas de IA nos cursos de humanas, e vice-versa, para fomentar a multidisciplinaridade e a análise crítica.

Para ilustrar a sinergia necessária, segue um modelo conceitual que mostra como cada setor pode contribuir para fortalecer o pacto intergeracional na educação de IA:

SINERGIA INTERSETORIAL PARA **EDUCAÇÃO EM IA**

PAPÉIS DOS QUATRO AGENTES NO PACTO INTERGERACIONAL	
GOVERNO	Políticas de inclusão digital, currículo básico e subsídios. Foco em conexão e infraestrutura.
EMPRESAS	Investimentos em parcerias e projetos educacionais. Suporte financeiro e técnico.
SOCIEDADE CIVIL	Identificação de demandas locais, mediação cultural e mobilização comunitária.
ACADEMIA	Pesquisa multidisciplinar, formação de professores e desenvolvimento crítico.

Quando cada setor cumpre seu papel, surgem ecossistemas de aprendizado onde crianças, jovens, adultos e idosos compartilham conhecimento, resolvem problemas juntos e discutem as implicações do uso massivo de algoritmos. Nesse ecossistema, o PIC cresce porque a inteligência combinada (humana + artificial) se espalha em redes colaborativas, produzindo soluções mais contextualizadas e aumentando o ICC geral daquela sociedade.

É importante destacar que nenhuma dessas ações isoladas garante sucesso. O que faz diferença é a convergência: governos criando estrutura e regulação, empresas financiando e disponibilizando tecnologias, sociedade civil articulando e fiscalizando, academia formando pensadores e multiplicadores.

Esse tecido colabora para que o valor cognitivo combinado se manifeste no dia a dia, nas relações de trabalho e na vida comunitária, pavimentando um futuro em que a IA não seja privilégio de alguns, mas ferramenta de todos.

O impacto generalizado da IA

A inteligência artificial está se tornando uma infraestrutura transversal de raciocínio, presente em todas as esferas da vida — individual, organizacional e coletiva. Por isso, seu uso irá ser muito maior do que como apenas uma "ferramenta de automação" que afeta a produtividade ou os setores industriais. O que está em jogo é algo maior.

A IA afeta a forma como aprendemos, decidimos, sentimos e organizamos o mundo. E o faz de forma difusa, profunda e acumulativa. É por isso que dizemos que seu impacto é generalizado. Esse impacto pode ser percebido em três camadas simultâneas:

1. Na infraestrutura dos setores produtivos.
2. Na convergência entre os saberes humanos.
3. Na revisão sócio-cultural e organizacional.

Durante muito tempo, o investimento em infraestrutura econômica era focado em fatores de produção físicos: estradas, portos, energia, redes. Depois, passou a ser também digital: dados, nuvem, conectividade. Agora, a IA representa uma nova camada de investimentos econômicos: a infraestrutura cognitiva.

Isso significa que, independentemente do setor — agro, saúde, educação, direito, energia ou cultura — haverá um componente central de inteligência artificial operando como sistema de raciocínio aplicado ao contexto.

Exemplos por setor:

- **Agronegócio:** IA para previsão climática, logística inteligente, detecção de pragas, gestão preditiva.
- **Saúde:** IA para triagem de pacientes, recomendação de tratamentos, leitura de exames, prevenção baseada em dados.
- **Educação:** IA para personalização de conteúdo, avaliação adaptativa, tutoria e feedback em tempo real.
- **Energia:** IA para balanceamento de redes, otimização de consumo, previsão de demanda, manutenção preditiva.
- **Justiça:** IA para análise de jurisprudência, detecção de padrões processuais, triagem de documentos.

O ponto central é: a IA passa a ser o pano de fundo da operação cognitiva dos setores. Na prática, isso significa que a IA não é apenas uma tecnologia. Ela se torna um modelo de pensamento transdisciplinar.

O impacto mais sutil — e talvez mais profundo — da IA é sobre a cultura. Ela muda nossas expectativas sobre o tempo, sobre a linguagem, sobre o conhecimento e sobre nós mesmos.

- Se um algoritmo responde em segundos, começamos a achar que tudo deve ser instantâneo.
- Se um modelo nos dá respostas plausíveis com confiança, começamos a valorizar menos a dúvida.

- Se uma IA gera texto, imagem ou som sob demanda, passamos a ver criatividade como produto de comando — não de processo.

A IA se não bem entendida, pode fazer o "prompt perfeito" parecer mais valioso do que o debate entre humanos. A intuição pode perder espaço para a simulação. Um cuidado que tem implicações profundas. Por isso, o impacto da IA é também um impacto sobre a subjetividade humana. Ele redefine o que é pensar, o que é criar, o que é saber.

Quando não percebemos essa mudança, usamos a IA como se fosse só mais uma ferramenta automação — e perdemos a chance de crescer junto com ela. Quando não a tratamos como infraestrutura cognitiva e nem como vetor cultural, ela acaba sendo implementada sem contexto, sem intenção e sem consciência. E o resultado disso é grave:

- Modelos enviesados reforçando desigualdades.
- Pessoas perdendo autonomia decisória sem perceber.
- Organizações se tornando dependentes de sistemas que não compreendem.

> ***"IA afeta tudo porque muda como pensamos."***

A IA já deixou de ser uma tendência tecnológica — agora ela está se tornando uma transição cognitiva. Afetando todas as áreas da sociedade porque se infiltra no processo mais básico de todos: o de construir sentido. E por isso, sua gestão não pode ser feita apenas por departamentos de TI ou inovação. Precisa ser compreendida como uma infraestrutura de raciocínio coletivo.

As instituições sociais funcionam como pontes — ou barreiras — entre a tecnologia e o bem comum. Quando uma escola decide usar IA para personalizar o ensino, ela está decidindo o que importa aprender. Quando um tribunal usa IA para triagem de processos, ele está decidindo o que importa julgar primeiro. Quando um jornal usa IA para gerar manchetes, ele define o que importa ser noticiado.

A inteligência artificial, nesses casos, não opera sozinha — ela se torna um filtro institucional de valor. Por isso, o impacto da IA na sociedade será, em grande parte, o reflexo das escolhas feitas por essas instituições: se serão inclusivas ou excludentes, transparentes ou opacas, deliberativas ou automáticas.

A forma como cada instituição escolhe adotar — ou ignorar — a inteligência artificial moldará diretamente o tipo de sociedade que vamos construir. Escolas, universidades, empresas, órgãos públicos, veículos de mídia e organizações da sociedade civil têm, agora, uma nova responsabilidade: serem condutoras conscientes da transição cognitiva em curso.

Isso significa ir além de simplesmente "usar IA" para otimizar processos. Significa entender como a IA transforma o modo como aprendemos, decidimos e nos organizamos em torno do que chamamos de verdade, justiça, valor ou progresso. E, com esse entendimento, revisar práticas, estruturas, currículos, processos e políticas para garantir que a inteligência combinada realmente beneficie a coletividade.

É nesse ponto que o Valor Cognitivo Combinado (V^{cc}) pode se tornar uma métrica ainda mais útil — não apenas para empresas, mas para qualquer organização que deseje mensurar sua maturidade cognitiva institucional. Com ele, é possível:

- Avaliar se os conhecimentos estão sendo integrados nos processos decisórios.
- Medir a qualidade do uso da IA: se ela está apenas executando ou ajudando a pensar.

- Mapear onde estão as fricções cognitivas institucionais: burocracia, silos, medo de errar, falta de escuta.
- Criar estratégias de formação e desenvolvimento que aumentem o K_c (grau de convergência epistêmica) entre áreas, departamentos, unidades.

> ***"Instituições que elevam seu V^{cc} tornam-se mais conscientes, adaptáveis e humanas."***

O impacto generalizado da IA exige uma abordagem em todos os níveis: estratégico, técnico, ético, educacional e humano. Métricas como o V^{cc} (Valor Cognitivo Combinado) para medem o valor onde ele realmente nascerá daqui para frente: na capacidade de pensar com apoio da IA. Porque a IA não é mais só uma tecnologia — ela é uma transição cognitiva. E o modo como as instituições escolhem conduzi-la definirá o futuro da sociedade.

Rumo a uma educação transformadora

A educação em IA com pacto em gerações não é apenas uma agenda pedagógica - é um projeto de transformação social que afeta a forma como trabalhamos, decidimos e convivemos. Ao longo das últimas execuções, vimos como governos, empresas, sociedade civil e academia podem convergir para formar cidadãos capazes de gerar Valor Cognitivo Combinado (V^{cc}) em qualquer contexto, elevando o Produto Interno Cognitivo (PIC) de regiões inteiras e fortalecendo o Índice de Cognição Corporativa (ICC) no tecido social.

Contudo, a grande força desse pacto não está na soma de recursos ou na adoção de tecnologias avançadas, mas no compromisso de usar a IA para ampliar o que é humano, não para substituí-lo. Esse compromisso se concretiza quando crianças, jovens, adultos e idosos compartilham espaços de aprendizagem e ação, reconhecendo que cada faixa etária carrega um saber essencial e que, juntos, podem impulsionar um ecossistema onde a inteligência combinada (humana + artificial) se torna um bem comum.

Em muitos países, a resistência inicial a essas iniciativas costuma vir de quem teme a mudança ou de quem não percebe a urgência de "alfabetizar" em IA também adultos e grupos tradicionalmente excluídos. Mas experiências de inclusão digital e cultural mostram que, quando se cria um ambiente acolhedor de formação, os resultados são substanciais em termos de engajamento cívico, criação de soluções locais e até mesmo na qualidade dos debates públicos sobre ética e governança tecnológica.

Essa transformação educacional reflete-se diretamente na economia. Comunidades e empresas que entendem o valor da aprendizagem contínua, intergeracional e conectada a problemas reais tendem a ser mais inovadoras, resilientes e capazes de repensar seus modelos de negócio, pois contam com pessoas que não apenas dominam ferramentas, mas sabem questioná-las e reorientá-las quando necessário.

É esse tipo de flexibilidade crítica que promove o crescimento sustentável do PIC e garante uma inserção mais saudável na economia AI-driven.

O pacto em gerações não é uma utopia. É uma escolha política, cultural e educacional. Quando adotado, ele modifica a forma como o humano interage com a máquina – e, por tabela, redefiniu o próprio sentido da economia.

De uma corrida por automatização e lucro imediato, passa-se a uma corrida por inteligência combinada, intencional e distribuída. E nesse tipo de corrida, quem vence não é quem implementa mais IA, mas quem consegue construir ambientes de aprendizagem onde a IA realmente eleva a presença humana.

Encerramos este capítulo com um convite à ação, direto e simples, para que profissionais, gestores, educadores e integrantes de comunidades possam refletir e começar a plantar as sementes de uma educação intergeracional em IA.

Convite final à prática

Passo 1 – Mapeie oportunidades de troca geracional na sua área

Liste os espaços formais (escolas, universidades, centros de formação) e os informais (ONGs, empresas, associações de bairro) que podem reunir pessoas de diferentes idades em torno de um projeto ou temática que envolva IA. Identifique onde já há conexões possíveis e onde você pode propor uma nova ligação.

Passo 2 – Defina um problema real que mobilize interesses

Se a comunidade urbana sofre com descarte irregular de lixo, por exemplo, proponha um projeto de IA para mapear e analisar dados de coleta, mas inclua a sabedoria dos mais velhos sobre rotas e hábitos culturais. Envolva jovens que dominam aplicativos e adultos interessados em cidadania ambiental. Esse problema serve como ponto de encontro.

Passo 3 – Ative um ciclo de aprendizagem compartilhado

Selecione um ou dois conteúdos básicos de IA (cursos online abertos, tutoriais simples) e use-os como base. Convide quem já domina o tema para ser tutor ou facilitador dos que estão aprendendo. Garanta que haja troca genuína, não hierarquia. O objetivo é descobrir juntos como aplicar esses conceitos no problema real.

Capítulo 14

CAPÍTULO 14

Democracia cognitiva e soberania simbólica

Entre algoritmos e cidadãos: democracia em uma era de IA

A discussão sobre inteligências artificiais e seu impacto no trabalho, na cultura e na educação já se mostra intensa. Contudo, um território ainda mais complexo surge quando se fala de democracia, com processos decisórios que moldam sociedades inteiras. Como assegurar que a soberania popular não seja minada por algoritmos de recomendação, manipulação de dados ou concentração de poder tecnológico?

Esse desafio vai além de reformar leis ou incluir disciplinas de ética digital no ensino. É uma questão de arquitetura do poder, onde a tecnologia tanto pode fortalecer a participação cidadã quanto engendrar novas formas de vigilância e manipulação eleitoral. A questão da "soberania simbólica" aparece justamente nesse limiar: quem controla as narrativas coletivas, quem define as agendas, quem valida o que é legítimo ou não?

Países podem utilizar algoritmos para gerir políticas públicas ou tomar decisões em áreas sensíveis, como saúde, segurança e benefícios sociais. Esses sistemas podem trazer ganhos de eficiência, mas também podem ampliar desigualdades se não houver transparência e debate aberto. É por isso que a ideia de "democracia cognitiva" surge como antídoto: em vez de delegar tudo à máquina, envolver a sociedade no desenho e na interpretação dos algoritmos que afetam o interesse público.

A Economia Guiada por IA, ao mesmo tempo, exige a ampliação do Valor Cognitivo Combinado (V^{cc}) a nível social. Não basta que as empresas gerem V^{cc} internamente; é crucial que a população entenda minimamente como as decisões automatizadas funcionam e possa opinar sobre elas. Esse movimento não é apenas técnico — é um ato de soberania simbólica, no qual as comunidades se reconhecem como cocriadoras das dinâmicas digitais, não meras receptoras de pacotes tecnológicos.

Um exemplo inspirador vem de Taiwan, onde o governo criou o vTaiwan, uma plataforma digital de consulta pública sobre temas complexos, como legislação de compartilhamento de dados e plataformas de transporte. A IA auxilia na consolidação dos argumentos, mas quem decide é a discussão aberta, que envolve governo, setor privado, academia e cidadãos de forma horizontal. É uma forma de aplicar o Produto Interno Cognitivo (PIC) a nível estatal, ativando diversos cérebros funcionais da sociedade.

O risco, porém, é que a tecnologia se concentre nas mãos de poucos. Grandes corporações de tecnologia e governos autoritários podem manipular algoritmos para influenciar preferências e censurar vozes dissidentes. É nesse contexto que surge o chamado à "soberania simbólica": a capacidade de uma nação ou comunidade decidir, coletivamente e com transparência, como usar os símbolos e narrativas produzidos ou amplificados pela IA.

A soberania simbólica também se relaciona a identidades culturais. Quando algoritmos de tradução, criação de imagens ou recomendações de conteúdo se baseiam em bases de dados predominantemente ocidentais e em inglês, acabam reproduzindo vieses e apagando expressões de culturas minoritárias.

Por isso, projetos como o FirstVoices do Canadá tentam reverter essa lógica, oferecendo uma plataforma que permite às comunidades indígenas documentar e compartilhar suas línguas, incluindo alfabetos, gravações de áudio, palavras, frases, músicas e histórias. A plataforma também oferece aplicativos de dicionário e teclados personalizados para mais de 100 línguas indígenas. Assim, a IA não serve apenas para "universalizar" um padrão cultural dominante, mas para proteger e expandir a diversidade simbólica.

No campo político, a democracia cognitiva também confronta os mecanismos de manipulação eleitoral baseados em big data. Não basta proibir fake news ou exigir transparência de plataformas: é preciso formar cidadãos que entendam minimamente os processos algorítmicos, num nível que vá além de "fake" ou "verdade".

A ideia de "letramento algorítmico" aparece como uma extensão natural do pacto intergeracional descrito anteriormente — afinal, se todos, independentemente de geração, compreendem minimamente como algoritmos segmentam e sugerem conteúdos, fica mais difícil cair em espirais de desinformação.

Essa dinâmica mostra o quão entrelaçados estão o PIC, o ICC e o V^{cc} no ambiente social. Se a população não entende — ou não pode questionar — como as decisões automatizadas são tomadas, a capacidade coletiva de gerenciar conflitos e construir consensos fica seriamente comprometida. Por outro lado, quando se cria uma ambiência de participação ampliada em que a IA atua como facilitadora de discussões, o valor cognitivo social cresce e se distribui.

Em última análise, a pergunta sobre "democracia cognitiva" é a pergunta sobre quem controla o fluxo de narrativas, símbolos e interpretações. Se esse fluxo está concentrado em corporações de tecnologia ou em governos que não prestam contas, corremos o risco de uma "tirania algorítmica". Mas se a sociedade, por meio de pactos intersetoriais e intergeracionais, usa a IA de forma aberta, refletida e inclusiva, ganha-se soberania simbólica: a capacidade de definir sentidos e rumos coletivos.

Esse capítulo mergulhará nesses dilemas, trazendo exemplos reais de como cidades, países e comunidades experimentam a democracia cognitiva, enfrentam manipulações digitais e constroem soberania simbólica num panorama em que a IA não para de evoluir. Afinal, o destino da Economia Guiada por IA não se limita à esfera privada — é no campo público que seus efeitos decisivos se revelam.

A inteligência coletiva na esfera pública

Quando se fala em democracia, a imagem mais recorrente é a do voto periódico nas urnas. Mas numa sociedade permeada por inteligências artificiais e redes de dados, a participação não se resume mais ao ato de escolher governantes. A democracia cognitiva se fortalece quando cada cidadão — de qualquer idade, classe social ou nível de instrução — tem meios para compreender, questionar e cocriar as decisões que afetam sua vida. E, nesse novo contexto, a soberania simbólica emerge como componente fundamental da legitimidade pública.

Historicamente, a soberania tem sido associada à capacidade do Estado de impor ou regular leis em determinado território. Porém, na era das redes e dos algoritmos, essa noção se amplia para incluir a gestão de fluxos de informação e símbolos que moldam o imaginário coletivo. Afinal, quem controla os algoritmos que definem o que vemos, ouvimos e acreditamos, controla também parte do nosso campo decisório. E esse poder não está restrito a governos — gigantes de tecnologia, corporações transnacionais e até redes clandestinas exercem enorme influência.

É nesse cenário que a democracia cognitiva se torna urgente: uma forma de organização social em que cada pessoa não apenas vota, mas participa ativamente do processo de interpretação, deliberação e criação de significados que orientam políticas e práticas. Esse ideal não é utópico. Já existem exemplos de pequenas cidades e regiões que experimentam modelos de participação ampliada, usando IA para organizar informações e humanos para debater sentidos.

A soberania simbólica, por sua vez, é a capacidade de uma comunidade — seja nacional ou local — de definir seus próprios marcos culturais, narrativas e imaginários. Em um mundo onde as plataformas digitais determinam em grande parte o que aparece no nosso feed, quem domina esses algoritmos domina também parte do fluxo simbólico. Nesse ponto, a regulação e a apropriação comunitária das tecnologias tornam-se questões de soberania, não apenas de consumo.

Na União Europeia, o Regulamento Geral de Proteção de Dados (GDPR) foi um primeiro passo, reconhecendo que a manipulação de dados pessoais afeta direitos fundamentais. Hoje, discute-se algo mais amplo: políticas que garantam transparência nos algoritmos, de modo que cidadãos saibam como estão sendo perfilados e quais critérios determinam a exibição de conteúdos.

Nesse sentido, o Valor Cognitivo Combinado (V^{cc}) de uma sociedade não decorre apenas de seu nível de instrução ou do volume de dados disponíveis, mas da capacidade das pessoas de interpretarem juntas o que veem e de questionarem criticamente o papel das tecnologias em suas escolhas políticas e culturais. Quem não domina minimamente esses mecanismos corre o risco de depender de intermediários invisíveis, fragilizando a soberania real.

Outra dimensão importante se refere às populações indígenas e grupos minoritários, cujos saberes e cosmovisões não foram "traduzidos" em linguagem digital. Sem políticas de inclusão e diálogo, corremos o risco de perder parte expressiva do PIC global.

Na América do Norte, por exemplo, iniciativas que buscam incorporar idiomas indígenas em bancos de dados e sistemas de IA têm sido feitas em estreita parceria com as comunidades, para que nenhum valor simbólico se perca no processo.

Portanto, democracia cognitiva não é um modelo pronto, mas um conjunto de práticas e compromissos que envolvem transparência algorítmica, formação cidadã e governança inclusiva. Soberania simbólica, nesse contexto, não é só poder estatal — é o direito e a capacidade de uma comunidade de decidir como quer estruturar seu imaginário coletivo, sem ficar refém de plataformas ou corporações que manipulam fluxos de informação.

> ***“Desenvolvimento não é apenas crescimento econômico, mas a expansão das capacidades reais das pessoas.”***
>
> AMARTYA SEN

A Economia Guiada por IA oferece um novo caminho para essa expansão. Ao colocar o aprendizado coletivo no centro do desenvolvimento, ela permite que países avancem com base em inteligência distribuída — e não apenas em capital acumulado.

Países que ativarem essa lógica fortalecerão sua soberania, sua capacidade de enfrentar crises e sua relevância global. Porque a verdadeira liderança do século XXI não virá apenas de quem controla dados ou recursos, mas de quem souber transformar inteligência em bem-estar com estratégia.

Quando uma cidade, uma região ou até um país adota princípios de democracia cognitiva e soberania simbólica, eleva seu ICC e fortalece a identidade das pessoas e sua capacidade de inovar sem perder raízes. Esse é, cada vez mais, o desafio das sociedades que anseiam por uma economia forte, mas também justa e significativa: conciliar o poder da IA com a qualidade das decisões que emergem do encontro humano.

Gestão automatizada com supervisão humana

A possibilidade de atribuir parte da gestão pública à inteligência artificial desperta interesse e cautela em igual medida. Por um lado, algoritmos podem agilizar processos, reduzir burocracia, analisar grandes volumes de dados com precisão.

Por outro, surge a pergunta fundamental: até onde faz sentido — e é legítimo — delegar decisões governamentais a sistemas não humanos? É aqui que a democracia cognitiva encontra seu ponto mais sensível, pois a automatização de tarefas e escolhas na esfera pública afeta diretamente a soberania simbólica de uma comunidade.

Alguns países já experimentam aplicações avançadas de IA na administração pública. Na Dinamarca, sistemas de machine learning apoiam processos de verificação de benefícios sociais, varrendo dados para detectar fraudes ou inconsistências, enquanto servidores públicos validam e corrigem as análises (Ministério de Finanças da Dinamarca, 2022). Esse tipo de delegação gera eficiência e rapidez, mas também levanta questionamentos: como garantir transparência e tratamento justo? E se o algoritmo reforça vieses presentes nos dados históricos?

É nesse ponto que a supervisão humana não é apenas um "detalhe" — é o que garante a legitimidade. O humano atua como curador final, interpretando fatores contextuais que a IA não percebe ou não prioriza. Isso é especialmente relevante quando se fala em políticas sociais, saúde, educação, habitação. Decisões que lidam com pessoas em vulnerabilidade exigem não só dados, mas também sensibilidade cultural e ética, componentes intrinsecamente ligados ao Valor Cognitivo Combinado (V^{CC}).

A discussão se aprofunda quando se trata de políticas de segurança ou justiça, como sistemas de previsão de crimes (crime prediction) que orientam o policiamento. Em alguns estados dos EUA, algoritmos como o PredPol foram usados para determinar onde concentrar patrulhas. A experiência mostrou eficiência em alguns indicadores, mas revelou graves riscos de reforçar preconceitos raciais e socioeconômicos. A falta de supervisão humana crítica, com poder de contestar o algoritmo, abriu espaço para injustiças. Esse episódio serve de alerta: sem accountability humana, a soberania simbólica fica ameaçada, pois uma parte da sociedade se vê governada por critérios opacos.

O maior risco é quando a IA se torna decisora autônoma de questões que envolvem valores simbólicos e impacto cultural. Isso compromete a democracia cognitiva, pois tira do debate público a dimensão interpretativa que só emerge quando há confronto de pontos de vista humanos. Uma coisa é deixar o algoritmo checar documentos de licitação; outra é deixar a máquina escolher prioridades de investimento sem consulta popular. O primeiro caso é automação de tarefas; o segundo, delegação de soberania.

Há quem discuta a adoção de "conselhos algorítmicos" nos parlamentos, sugerindo que sistemas de IA poderiam processar milhões de propostas e apontar direções legislativas, enquanto parlamentares fariam apenas ajustes. A princípio, isso soaria como grande eficiência, mas a política não é apenas busca de eficiência; é também disputa simbólica, construção de consensos e mediação de interesses. Automatizar esse cerne significaria esvaziar o espaço deliberativo, que é o coração da soberania simbólica.

O Valor Cognitivo Combinado (V^{cc}) emerge quando a IA opera junto aos humanos num diálogo de propostas, análises e contextualizações. Nesse sentido, é fundamental manter instâncias de verificação humana, lugares de refúgio da interpretação situacional, do dilema ético, do desvio criativo. Sem essas instâncias, o risco de capturar a esfera pública por um punhado de códigos opacos é real, fragilizando a legitimidade política.

Um equilíbrio possível está em delegar à IA funções de execução técnica, deixando as decisões de natureza simbólica, cultural ou moral nas mãos de representantes eleitos e conselhos plurais. Assim, a máquina faz o que faz melhor — processar dados, otimizar rotinas

—, enquanto a soberania simbólica permanece com a comunidade, que discute e orienta a aplicação da tecnologia no campo da afetividade social e da ética.

Esse arranjo reconhece que a democracia não é um sistema de "melhores decisões" puramente técnicas, mas de decisões mais legítimas, sustentadas pela diversidade de perspectivas e pela capacidade de debate. A IA pode expandir a base informacional, mas a legitimidade vem da interpretação compartilhada dos dados.

E é essa interpretação que só se fortalece com presença humana, com sentimentos, contradições e narrativas. Quando esse fluxo é bem desenhado, o PIC da governança cresce, a cultura política se enriquece e o ICC da sociedade se eleva, pois há mais gente pensando de forma conectada e consciente.

E se a IA se tornasse o gestor público?

A possibilidade de uma IA assumir oficialmente a função de gestor público — prefeito, governador ou até um papel equivalente a um primeiro-ministro — ultrapassa o campo das hipóteses científicas e começa a aparecer em discussões acadêmicas e experimentais. Os argumentos a favor giram em torno de eficiência, eliminação de corrupção e otimização de processos. Os críticos apontam riscos de perda de legitimidade, ausência de accountability emocional e desconexão cultural. Esse debate não é apenas ficção, pois ilustra o ponto mais extremo da delegação de poder político na Economia Guiada por IA.

Há quem defenda que um "prefeito-IA" ou "gestor algorítmico" seria capaz de avaliar milhões de dados em tempo real, tomar decisões estritamente racionais e reduzir drasticamente o clientelismo, as barganhas políticas e os vícios do populismo.

Imagine uma IA analisando mapas de crimes, fluxos de transporte, indicadores de saúde e orçamentos, propondo medidas cirúrgicas com base em estatísticas sólidas. Em tese, isso aumentaria a eficiência e a rapidez do serviço público. Seria a chamada "cidade-robô", onde o Produto Interno Cognitivo (PIC) local se eleva sob uma camada técnica de governança.

Contudo, a questão da legitimidade reaparece em força total. Como uma IA, sem vivência humana, poderia representar interesses simbólicos de grupos diversos? Quem programaria seus parâmetros de decisão? Quem definiria as prioridades quando se confrontassem aspectos éticos, culturais ou morais? Nesses cenários, a democracia cognitiva não apenas seria testada — poderia ser subvertida caso o gestor algorítmico acabasse por reforçar vieses dos dados históricos, ignorando minorias ou simplificando complexidades humanas.

E se algo der errado, quem assume a responsabilidade? Esse é o nervo exposto da legitimidade: sem accountability clara, a confiança do público diminui e o valor cognitivo combinado (V^{cc}) tende a minguar.

Outro ponto crítico é a soberania simbólica. Governos não gerem apenas orçamentos — gerem narrativas de identidade, valores culturais e memórias coletivas. Podem algoritmos lidar com eventos emblemáticos, cerimônias públicas ou reações emocionais a tragédias locais? Um gestor público de carne e osso carrega empatia e traços de vulnerabilidade que conectam governantes e governados. Se a IA assume esse papel, corre-se o risco de gerar descolamento cultural, pois a máquina não partilha da mesma história ou linguagem emotiva das pessoas.

Há quem imagine modelos híbridos: a IA seria o "administrador" que cuida de 80% das tarefas rotineiras, enquanto um corpo político humano define os 20% de decisões sensíveis. Esse arranjo poderia, em teoria, maximizar eficiência sem perder completamente a presença humana. Mas ainda surgem dilemas: e se, na prática, as pessoas delegarem tudo por comodidade, esvaziando a discussão pública? O que impede, em momentos de crise, que o gestor-IA tome decisões urgentes sem a devida ponderação moral?

No lado empresarial, corporações especializadas em IA já se preparam para oferecer "soluções de governo automatizado". Esse movimento indica que, para além da ficção, há interesse comercial em vender algoritmos de governança, prometendo cidades mais rápidas e limpas. Porém, essa abordagem levanta o medo de "privatização da política", onde corporações tecnológicas forneceriam o "software de governo" e, com ele, exerceriam influência simbólica sobre práticas públicas.

Dentro da abordagem da democracia cognitiva, imaginar um "prefeito IA" ou "primeiro-ministro algorítmico" é um experimento-limite que joga luz sobre a importância do fator humano. Em vez de descartar a proposta por completo, vale entender que ela revela a necessidade de regras claras de supervisão humana, mecanismos de transparência em tempo real e espaços para contestação popular. Só assim se evita o "despotismo algorítmico", termo cunhado para alertar sobre o excesso de automatização do poder político.

O Índice de Cognição Corporativa (ICC) de uma comunidade não se eleva apenas pela adoção de IA na administração, mas pela qualidade do diálogo que integra essas soluções tecnológicas com a capacidade interpretativa das pessoas. De nada adianta uma gestão veloz se a cultura local é ignorada ou se grupos vulneráveis ficam de fora dos dados. E é nesse espaço de participação e sentido que o humano conserva — e expande — seu papel.

Portanto, mesmo que se avance para modelos em que sistemas tomam grande parte das decisões rotineiras de governo, continua sendo indispensável manter uma esfera pública de interpretação e contestação. Essa esfera assegura o Valor Cognitivo Combinado, pois faz a ponte entre a agilidade automática e a legitimidade simbólica.

Só assim a soberania, em lugar de se perder na automatização, encontra na IA um aliado para fortalecer o PIC da sociedade, sem diluir o que torna a política essencialmente humana: a coexistência de visões, dilemas éticos e construção de sentido coletivo.

Fortalecimento simbólico e práticas concretas

A discussão sobre democracia cognitiva e soberania simbólica alcança seu ápice quando se percebe que nenhuma política, tecnologia ou estrutura poderá, sozinha, garantir a integridade cultural e a legitimidade da participação. O que faz diferença é o conjunto de práticas, o diálogo real entre diferentes grupos sobre como a tecnologia deve servir aos humanos — e não o contrário.

Ao longo deste capítulo, foram apresentados exemplos de cidades, plataformas, iniciativas públicas e privadas que buscam conciliar algoritmos e seres humanos, procurando decisões mais rápidas sem abrir mão de raízes, memórias e afetos. A legitimidade democrática se expande quando há caminhos claros de auditoria cívica dos algoritmos, fóruns híbridos (online e presenciais) que permitem deliberação e, sobretudo, espaços de criação simbólica onde visões de mundo distintas possam se encontrar.

Em certa medida, esse é o grande desafio de qualquer Economia Guiada por IA: não sacrificar o valor humano que não se codifica — a história, a identidade, os significados — em nome de uma suposta eficiência. Para que o Produto Interno Cognitivo (PIC) de uma sociedade floresça de maneira inclusiva, cada grupo precisa manter voz ativa sobre como e por que algoritmos são usados. E, no campo da soberania simbólica, isso significa respeitar línguas, narrativas e cosmovisões que muitas vezes não estão capturadas nos bancos de dados "oficiais".

Quando há pactos claros — entre governos, empresas, ONG, academia e comunidades — para manter e atualizar essas cosmovisões, fortalecem-se as bases de uma democracia cognitiva que não fica restrita ao ato de votar. A população passa a exercer influência real na formatação de políticas, plataformas e algoritmos que moldam seu dia a dia. O Valor Cognitivo Combinado (V^{CC}) se manifesta quando cada cultura particular encontra caminhos para participar, opinar e reinterpretar soluções digitais com base em suas tradições e anseios.

Quando se fala em soberania, portanto, não se trata apenas de fronteiras territoriais ou de leis estatais. Trata-se do direito e da capacidade de uma comunidade de decidir sobre suas referências simbólicas — não importando se está fisicamente numa aldeia, numa metrópole ou em redes virtuais de alcance global.

Uma sociedade pode ter muita tecnologia, mas se não domina os significados que a circundam, acaba sendo "colonizada" no plano cultural, dependendo de narrativas e estruturas de poder definidas em outro lugar.

Para encerrar este capítulo, segue um exercício prático. Ele ajuda grupos sociais (de um bairro, de uma universidade, de uma organização) a avaliar como estão lidando com a intersecção entre IA e cultura, propondo caminhos para fortalecer a democracia cognitiva local e a soberania simbólica.

Convite final à prática

Passo 1 – Mapeie a influência tecnológica no seu espaço

Escolha um recorte: sua escola, seu bairro, sua empresa, sua universidade. Identifique quais plataformas e algoritmos mais afetam a vida cotidiana (redes sociais, sistemas de recomendação, ferramentas de decisão interna). Liste brevemente as funções que essas ferramentas assumem e tente nomear onde elas influenciam conversas, escolhas ou rituais culturais.

Passo 2 – Avalie a transparência e a participação

Converse com as pessoas envolvidas (amigos, colegas, familiares) para entender se elas sabem como essas plataformas funcionam, quem decide regras de moderação ou como são processados os dados. Pergunte: existe alguma forma de contestar decisões algorítmicas? Há instâncias de participação coletiva? Esse momento revela o nível de democracia cognitiva — ou sua falta.

Passo 3 – Identifique valores simbólicos não representados

Reflita sobre o que, na sua cultura ou identidade, não encontra espaço nesses sistemas. Podem ser expressões linguísticas locais, tradições orais, conhecimento ancestral, práticas artísticas ou visões éticas particulares. Quais desses valores não estão registrados em algoritmos ou não são reconhecidos pelas plataformas vigentes?

Passo 4 – Discuta caminhos de governança

Convide um grupo de pessoas (amigos, colegas, membros da comunidade) para debater como esses valores e informações deveriam ser usados. Precisam de uma licença aberta? De limites de acesso? De colaboração com algum órgão público ou privado? Nesse debate, surge a prática de governança simbólica.

Capítulo 15

CAPÍTULO 15

Sociedade aprendente e gestão pública guiada por IA

Quando gestão pública dialoga com IA

A noção de sociedade aprendente ganha tração à medida que organizações, governos e comunidades perceberam que o mundo em rede exige atualização contínua das competências — tanto técnicas quanto culturais. Mas aprender não é só dominar ferramentas; envolve rever narrativas, integrar valores e repensar a forma de produzir significado.

Nesse sentido, cultura ativa e gestão pública guiada por IA se encontram em um ponto fundamental: a possibilidade de que cada cidadão, em contato com tecnologias de dados, se torne também um participante na criação e na manutenção de códigos sociais, éticos e culturais.

Essa perspectiva vai além de uma lógica tradicional de "formar mão de obra para o mercado". Em vez disso, valoriza o que não se codifica — memórias, expressões simbólicas, emoções, afetos — como ingredientes que dão sentido às interações com algoritmos. A IA pode apontar caminhos, mas o humano decide qual caminho tem significado. E esse movimento coletivo, quando aplicado em políticas públicas, pode elevar o Produto Interno Cognitivo (PIC) de uma região, pois mais vozes participam de forma crítica e criativa.

Quando essa dinâmica se estende à educação formal e não formal, o PIC da região se expande. Escolas, museus, bibliotecas e centros culturais deixam de atuar de modo isolado e passam a dialogar com os laboratórios de IA, trocando visões sobre o que vale a pena registrar e difundir. Essa escolha não é neutra.

O que ganha destaque no catálogo digital, o que recebe prioridade no uso de recursos tecnológicos, quem participa das discussões sobre modelagem de dados — tudo isso fortalece ou enfraquece determinados valores culturais. E é esse o ponto onde se percebe a importância do senso crítico em torno das tecnologias adotadas.

FLUXO DE **APRENDIZADO EM SOCIEDADE**

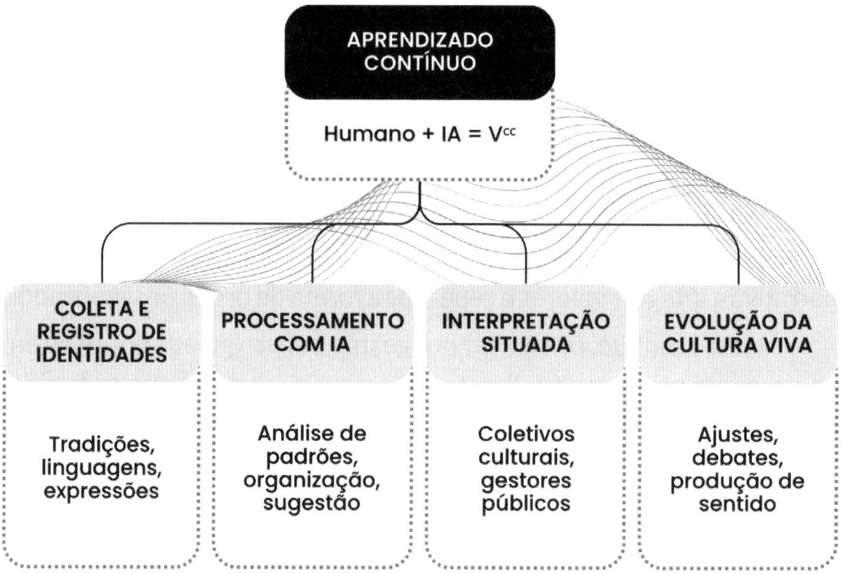

No diagrama acima, percebe-se que a IA não dita regras; ela provê subsídios analíticos. O humano, enraizado na cultura, interpreta e decide. Esse ciclo gera o Valor Cognitivo Combinado, pois cada rodada de aprendizado retroalimenta o sistema, aumentando o discernimento coletivo sobre o que se quer promover, apoiar ou até mesmo regular.

Um dos principais desafios nesse processo é manter a coerência e a confiança. Se a sociedade se acostuma a usar IA para sistematizar narrativas e preferências, mas sente que suas vozes autênticas são ignoradas no final, a credibilidade cai. Isso vale para qualquer cidade ou grupo. A confiança emerge quando há ritos de validação humana que confirmam as propostas do algoritmo, e também quando as pessoas percebem que a cultura local está se expandindo, não se diluindo.

Na prática, esse modelo requer gestores públicos que atuem como facilitadores de cultura, não como meros administradores. Requer ainda parcerias com grupos artísticos, comunidades de base, educadores e coletivos digitais que dominem ou criem ferramentas de IA para finalidades além do puro lucro.

Quando esse ecossistema se forma, a sociedade aprendente inclui a gestão pública num fluxo maior de trocas, e não há uma fronteira rígida entre o que é governamental, privado ou comunitário. Todos se veem corresponsáveis pela qualidade das decisões e pela preservação/renovação simbólica.

Nesse sentido, a sociedade aprendente vira um grande espaço de cocriação em que o PIC cresce porque mais gente pensa junto, critica junto e aprende junto. A IA, nesse cenário, não substitui professores, gestores ou líderes culturais, mas fortalece sua capacidade de dialogar ao organizar dados e sugerir conexões, sem retirar a subjetividade que dá cor e sentido à cultura.

Inovação e confiança moldada pela cultura

Costuma-se imaginar a cultura como algo intangível, simbólico, distante das engrenagens práticas da gestão ou da tecnologia. No entanto, em uma Economia Guiada por IA, a cultura deixa de ser periférica e passa a ocupar o centro da arquitetura de confiança sobre a qual toda a inovação acontece. Quando a sociedade internaliza que a tecnologia está a serviço da comunidade e dos seus valores — e não o contrário — nasce um ambiente favorável para experimentação, adaptação e aprendizagem coletiva.

Essa confiança cultural é o que permite que projetos públicos baseados em IA não sejam percebidos como ameaças ou imposições, mas como ferramentas legítimas de apoio à vida social. O fator decisivo para isso não está apenas no código ou na performance do algoritmo, mas em como ele é comunicado, envolvido, interpretado — e, principalmente, validado por quem faz parte da comunidade.

Pesquisas conduzidas pelo *Centre for Public Impact* (2021) mostram que iniciativas de governo digital são mais bem-sucedidas em lugares onde há confiança relacional, ou seja, onde cidadãos sentem que suas visões de mundo são respeitadas e integradas aos projetos. Em outras palavras: a infraestrutura invisível da confiança cultural é pré-requisito para a adoção inteligente da IA no setor público.

Um caso revelador vem da cidade de Helsinki, na Finlândia. Lá, a prefeitura lançou um programa chamado *AI Register*, que disponibiliza ao público descrições compreensíveis sobre todos os sistemas de IA usados na gestão municipal — incluindo suas funções, dados utilizados, limitações e direitos dos cidadãos. Mais que uma ação técnica, trata-se de um gesto cultural: demonstrar que a tecnologia não será aplicada de forma opaca ou unilateral, e que todos têm o direito de entender, criticar e até influenciar as lógicas algorítmicas.

Além disso, esse tipo de abertura gera efeitos em cascata: escolas começam a usar o repositório para discutir cidadania digital, grupos comunitários passam a propor adaptações nos sistemas, e empresas locais se engajam em pensar soluções alinhadas com os valores da cidade. O PIC local cresce, porque há mais cérebros conectados em um mesmo fluxo de aprendizado e decisão, com diferentes graus de envolvimento e perspectiva. O ICC também se eleva, pois não se trata apenas de IA “funcionar” tecnicamente, mas de se alinhar culturalmente.

De acordo com Geoff Mulgan, professor de inovação social e ex-diretor da Nesta UK, o futuro da inovação pública depende menos da tecnologia em si, e mais da cultura que a molda e sustenta. A cultura, nesse sentido, atua como sistema imunológico da democracia cognitiva. Quando bem estabelecida, ela detecta rupturas, absorve tensões e reinventa os termos de convivência. Quando negligenciada, o sistema adoece — e surgem resistências, polarizações ou rejeições cegas à inovação. É por isso que sociedades aprendentes não dependem apenas de investimento em hardware e software, mas em vínculos, escuta e interpretação coletiva.

Do ponto de vista organizacional, governos e instituições públicas precisam aprender a estruturar políticas que dialoguem com essa cultura. Não basta publicar editais ou abrir consultas públicas com linguagem inacessível ou prazos irrealistas. É preciso criar rotinas de escuta continuada, núcleos de tradução cultural (que expliquem os projetos em linguagens acessíveis), e espaços de cocriação que valorizem o saber local, as experiências de vida e até os saberes ancestrais.

A inovação pública guiada por IA, portanto, só será sustentável se for culturalmente ancorada. E isso não significa romantizar tradições ou impedir mudanças — ao contrário: é a cultura viva, em sua plasticidade e potência simbólica, que oferece os códigos de sentido capazes de tornar a transformação algo desejável e compartilhado. Sem ela, a IA é apenas um espelho opaco de padrões anteriores. Com ela, a IA vira uma lente que amplia possibilidades e respeita trajetórias.

Quando a cultura é reconhecida como infraestrutura de inovação, ela passa a orientar as decisões sobre o que vale priorizar, como comunicar, quem incluir e o que ajustar. Ela se torna bússola e mapa, critério e terreno. E nesse processo, o Valor Cognitivo Combinado (V^{CC}) floresce porque a máquina se soma ao humano de forma simbiótica — não como substituição, mas como extensão de possibilidades.

O papel da escuta ativa com IA

Em tempos de transformação acelerada, não são apenas os algoritmos que precisam aprender. O tecido social também precisa sentir-se ouvido, compreendido e levado a sério. É por isso que a escuta ativa — prática central em culturas vivas — se torna um dos elementos mais poderosos na implementação de políticas públicas com apoio da inteligência artificial. Quando a cultura fala e a tecnologia escuta, o resultado é muito mais que automação: é coevolução.

A escuta ativa é diferente da coleta passiva de dados. Não se trata de armazenar cliques ou respostas prontas, mas de criar canais de diálogo que valorizem o que ainda não está dito, que capturem nuances, ambiguidades e desejos não verbalizados. É uma prática cultural — presente em conselhos indígenas, rodas de capoeira, assembleias populares — que ganha novo significado em um contexto de IA. Afinal, um algoritmo treinado apenas com dados explícitos tende a perder o que realmente importa: o que ainda está em formação.

Quando uma sociedade percebe que sua cultura é ouvida — não como folclore, mas como inteligência legítima — ela tende a participar mais, propor mais, confiar mais. Esse é o combustível da sociedade aprendente: o senso de que cada fala pode virar política pública. A IA, nesse modelo, funciona como catalisadora: não lidera, mas acelera processos de escuta, amplifica o alcance de práticas ancestrais de cuidado e sabedoria, ajuda a criar memória viva.

> ***"A IA que transforma é aquela que aprende a ouvir o que ainda não foi dito."***

Esse é um ponto crucial: escutar antes de automatizar. Muitos governos erram ao implantar IA em processos públicos sem antes criar camadas de escuta cultural. A tecnologia chega antes do vínculo, e o resultado é desconfiança ou subutilização. A consequência é a baixa absorção de sistemas caros e sofisticados porque a tecnologia não soube ouvir o contexto em que foi inserida.

Em contrapartida, quando o ciclo começa pela escuta — com assembleias, grupos focais, entrevistas culturais, análise de redes e escuta de linguagens simbólicas — o processo se inverte: a tecnologia nasce a partir da cultura, e não contra ela. O Índice de Cognição Corporativa (ICC) cresce porque há múltiplas camadas de participação, e a inteligência organizacional se expande com base no real — não no idealizado.

Esse tipo de abordagem tem implicações também na forma como se treina e se contrata IA para o setor público. Ao invés de apenas buscar soluções prontas de mercado, muitos governos estão começando a criar laboratórios cívico-culturais, espaços onde programadores, artistas, gestores e educadores trabalham juntos para modelar sistemas com base em valores locais. Isso exige tempo, mas gera uma inteligência profundamente situada, alinhada com as dinâmicas sociais e culturais da região.

E aqui entra novamente o Valor Cognitivo Combinado (V^{CC}): em vez de considerar apenas a performance técnica de um sistema, passa-se a valorizar o quanto ele é capaz de aprender junto, de se adaptar aos modos de ser da comunidade, de escutar em profundidade. Esse valor — muitas vezes invisível em métricas tradicionais — é o que sustenta projetos que permanecem vivos, relevantes e evolutivos.

Por isso, mais do que perguntar "o que essa IA pode fazer?", governos deveriam começar perguntando: "essa tecnologia é capaz de escutar a cultura que vai habitar?". Se a resposta for sim, há chance de nascimento de uma nova ética da gestão pública — mais conectada, mais simbólica, mais humana. E, sobretudo, mais capaz de gerar inteligência combinada em larga escala.

O gestor público como curador de sentido coletivo

À medida que a inteligência artificial avança, o papel do gestor público também evolui. Já não se espera apenas que ele administre recursos, acompanhe metas e preencha relatórios. Em um contexto onde a IA é capaz de otimizar processos, analisar volumes massivos de dados e sugerir decisões em tempo real, a verdadeira função do gestor público passa a ser curar sentido coletivo. Ou seja, atuar como elo entre o que é tecnicamente possível e o que é culturalmente significativo.

Esse novo papel exige um tipo de liderança menos centrada em autoridade e mais baseada em escuta, mediação e visão. Trata-se de entender que nem toda solução eficiente é desejável se ela não fizer sentido para a comunidade envolvida. O gestor se torna um tradutor entre algoritmos e afetos, entre dashboards e narrativas populares, entre indicadores e simbologias locais. Seu objetivo não é substituir a máquina nem "automatizar a alma" da política, mas garantir que o uso da IA esteja a serviço de valores e da memória coletiva.

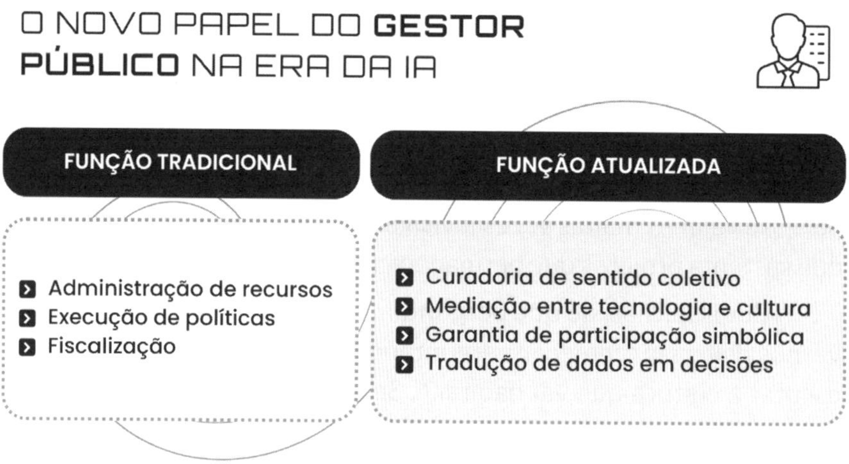

Essa transição de postura não é simples. Ela exige formação específica em temas que muitas vezes ainda estão ausentes nas escolas de governo: escuta ativa, cultura digital, cognição coletiva, ética algorítmica. Exige também humildade institucional, pois o gestor precisa estar disposto a ser questionado por sistemas técnicos e por comunidades — e saber ajustar rumos conforme novos significados emergem.

No centro dessa nova gestão está o Valor Cognitivo Combinado (V^{CC}), que só floresce quando as decisões não se baseiam exclusivamente em desempenho, mas também em pertencimento. O V^{cc} cresce quando a comunidade entende por que algo foi decidido, como foi decidido, e se reconhece naquela decisão. Isso vale tanto para políticas de mobilidade quanto para planejamento urbano, saúde pública ou cultura.

Em sociedades aprendentes, os gestores não são mais vistos como únicos responsáveis por acertar, mas como articuladores de processos que aprendem juntos com a população e com os algoritmos. O erro, nesse cenário, deixa de ser sinal de fracasso e passa a ser matéria-prima de aprendizagem coletiva. A IA, ao registrar padrões e propor correções, funciona como espelho técnico. O humano, ao interpretar os efeitos e reorganizar sentidos, devolve alma ao processo.

A liderança pública do futuro, portanto, será menos baseada em controle e mais em curadoria simbólica, pedagógica e participativa. Será aquela que consegue gerar contextos em que cultura, dados e tecnologia caminham juntos, em harmonia com os valores locais e com a visão de futuro construída em comum.

A inteligência pública como ecossistema social

Se olharmos com atenção para o funcionamento das cidades, das políticas e das redes sociais que moldam o cotidiano, começamos a perceber um padrão emergente: a inteligência pública não reside em um único lugar, nem é produzida exclusivamente dentro dos muros do governo. Ela é distribuída, simbiótica, evolutiva — e só floresce plenamente quando reconhecida como ecossistema vivo.

Nesse ecossistema, cultura, tecnologia e decisão pública se entrelaçam o tempo todo. Uma iniciativa aparentemente técnica, como a implementação de um sistema de IA para gestão de filas hospitalares, pode produzir impactos simbólicos profundos — aumentando ou reduzindo o sentimento de justiça, a confiança no serviço público ou o reconhecimento de vulnerabilidades sociais.

O mesmo vale para políticas de mobilidade urbana, segurança ou educação. Cada decisão embutida num algoritmo carrega valores, mesmo que não tenha sido declarada como tal. Por isso, um governo verdadeiramente guiado por IA não pode funcionar como se fosse apenas uma máquina racional.

Ele precisa operar como organismo cognitivo, com múltiplos canais de escuta, aprendizado contínuo, e mecanismos para corrigir o curso a partir da experiência social. Isso o aproxima da ideia de Sistema Cognitivo Organizacional (SCO): uma estrutura capaz de integrar inputs culturais, dados em tempo real e capacidades analíticas humanas e artificiais para gerar decisões — que não apenas "otimizam", mas que fazem sentido.

É nesse contexto que o Valor Cognitivo Combinado (V^{CC}) se torna uma métrica relevante. Ele indica o quanto a inteligência técnica e simbólica estão integradas, e não apenas acumuladas. O V^{CC} aumenta quando as soluções digitais absorvem a linguagem das comunidades, quando os relatórios de dados são lidos ao lado das histórias locais, quando os dashboards do governo convivem com os mapas afetivos das pessoas. Em outras palavras: quando o sistema público pensa junto com a sociedade.

O Índice de Cognição Corporativa (ICC) aplicado à gestão pública, por sua vez, pode ser uma bússola valiosa para medir o grau de inteligência combinada de uma prefeitura, secretaria ou programa governamental. Organizações com ICC alto tendem a:

- Aprender com seus erros e ajustá-los publicamente;
- Incorporar visões diversas na tomada de decisão;
- Compartilhar dados e interpretações com transparência;
- Transformar conflitos em fontes de inovação simbólica.

Esses elementos não são triviais. Eles exigem que as instituições públicas se vejam como partes de um ecossistema mais amplo, onde empresas, comunidades, universidades, coletivos culturais e ferramentas de IA colaboram para um mesmo objetivo: promover bem-estar com significado.

E quando isso acontece, a cultura deixa de ser um apêndice das políticas públicas e passa a ser seu fator-chave de legitimidade e potência criativa. Afinal, sem cultura, não há aprendizado; sem aprendizado, não há inteligência combinada; sem inteligência combinada, não há futuro sustentável.

A inteligência pública a partir da cultura

Ao longo deste capítulo, vimos que a cultura não é adereço, nem detalhe: é fundação. É ela que oferece os códigos de sentido que permitem que uma sociedade aprenda, decida e evolua coletivamente — mesmo em meio a tecnologias complexas como a inteligência artificial.

O que define uma sociedade aprendente e uma gestão pública guiada por IA não é a adoção de ferramentas de última geração, mas a forma como essas ferramentas se integram aos valores, narrativas e práticas locais.

Gestores públicos, educadores, tecnólogos e cidadãos têm um papel essencial na expansão do Produto Interno Cognitivo (PIC), do Valor Cognitivo Combinado (V^{cc}) e do Índice de Cognição Corporativa (ICC) de suas comunidades.

Isso se faz não apenas com investimentos em infraestrutura digital, mas com curadoria simbólica, escuta ativa, e criação conjunta de políticas que reflitam a inteligência coletiva em sua forma mais rica.

Para apoiar esse processo, segue abaixo um exercício prático. Ele foi desenhado para ajudar grupos — em organizações públicas, universidades, escolas ou coletivos — a avaliar como a cultura está (ou não) sendo integrada à adoção de tecnologias inteligentes em suas realidades.

Convite final à prática

Diagnóstico participativo da inteligência pública culturalmente situada

Objetivo: Avaliar o grau de integração entre IA, cultura e gestão pública no seu contexto local.

Passo 1 – Mapeie o uso atual de IA em serviços públicos do seu território

Liste sistemas ou projetos que utilizam IA em órgãos públicos da sua cidade, estado ou instituição (por exemplo: agendamentos de saúde, plataformas de atendimento, análise de dados educacionais, segurança pública). Identifique:

- Quem os implementou?
- Para quê servem?
- Como foram comunicados à população?

Passo 2 – Proponha mecanismos de escuta e validação cultural contínua

Imagine formas simples de incluir uma cultura viva nos ciclos de decisão pública com IA. Exemplos:

- Oficinas culturais com análise simbólica dos dados;
- Comissões mistas com artistas, educadores e cientistas de dados;
- Canais públicos para reinterpretar resultados algorítmicos com base em afetos e histórias locais.

Passo 3 – Identifique oportunidades de uso da IA para amplificar o PIC local

Pense em como a IA pode ajudar sua comunidade a registrar, revalorizar ou reaprender práticas culturais invisibilizadas. Alguns exemplos:

- Reconhecimento de línguas e expressões regionais;
- Análise de impacto de políticas em festividades e rituais;
- Criação de acervos digitais com apoio de algoritmos.

PARTE 06

VISÃO DE FUTURO

Capítulo 16

CAPÍTULO 16

Inteligência de máquina que nos torna mais humanos

O que permanece quando tudo muda muito rápido?

À medida que as tecnologias cognitivas avançam, uma pergunta essencial volta à superfície com ainda mais força: o que significa ser humano em um mundo que pensa com máquinas? Não se trata de uma dúvida filosófica distante, mas de um imperativo prático, político e existencial. Afinal, à medida que algoritmos assumem parte das decisões, das criações e dos julgamentos que antes eram exclusivamente nossos, nosso papel no jogo da inteligência precisa ser reconceituado.

Por muitos anos, a narrativa dominante sugeriu que a inteligência artificial se desenvolveria como um espelho da racionalidade humana — otimizando processos, vencendo jogos, aprendendo padrões. Essa visão, ainda presente em muitas abordagens técnicas, ignora uma dimensão fundamental da inteligência humana: o sentido. Não basta saber o que fazer; é preciso saber por quê, para quem, em que contexto e com que implicações éticas e afetivas.

É justamente aqui que a inteligência combinada se apresenta como proposta-chave para o futuro. Em vez de medir a IA apenas pelo que ela pode fazer sozinha, passamos a observá-la como parceira de um processo mais amplo e coletivo de pensamento, aprendizado e decisão. E, nesse processo, a parte humana não se reduz — ela se aprofunda. Porque quanto mais as máquinas processam, mais os humanos precisam interpretar. Quanto mais os dados se multiplicam, mais valiosa se torna a capacidade de gerar sentido, cuidado e imaginação.

Não por acaso, países que estão avançando de forma madura na adoção de IA não se limitam a implantar sistemas — estão investindo em educação crítica, cultura digital e experimentação ética. Em Taiwan, por exemplo, a ministra Audrey Tang lidera uma abordagem que combina tecnologias abertas com participação cidadã e arte, defendendo que a IA precisa aprender a escutar a sociedade antes de tentar servir a ela. Essa sensibilidade social não é uma concessão à tradição — é um ativo estratégico para o futuro.

O mesmo vale para empresas e organizações que entenderam que o diferencial não está apenas em usar IA para reduzir custos, mas em ampliar a inteligência coletiva de seus ecossistemas. Um hospital que usa IA para diagnosticar doenças em tempo recorde tem um ganho real — mas se esse hospital treina sua equipe para interpretar os resultados com empatia, para conversar com o paciente, para decidir com base em múltiplos saberes, o ganho deixa de ser apenas operacional e se torna cognitivo-combinado.

RECONFIGURAÇÃO DA **CENTRALIDADE HUMANA**

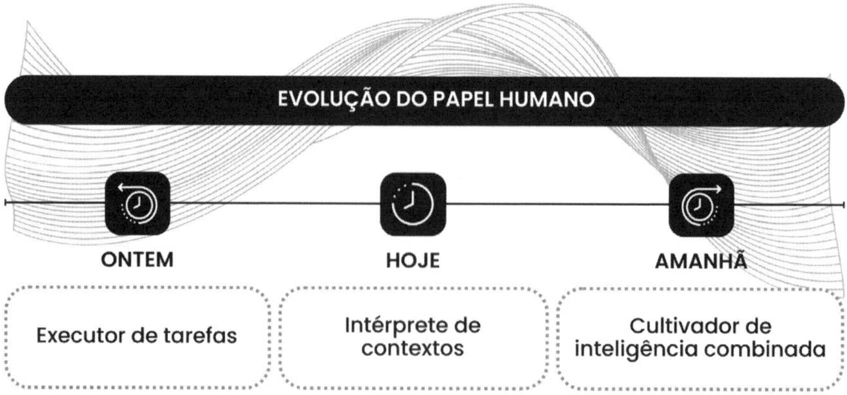

Essa transição exige também um novo vocabulário. Termos como produtividade, eficiência, capital humano, precisam ser atualizados com base em novas métricas, como o Produto Interno Cognitivo (PIC) — que mede não apenas o que foi feito, mas o quanto foi pensado, compartilhado e aprendido. Ao lado dele, o Valor Cognitivo Combinado (V^{CC}) aparece como uma nova medida de riqueza: não a quantidade de outputs, mas a qualidade das conexões entre inteligências humanas e artificiais.

E esse valor, ao contrário do que se supõe, não se manifesta apenas nas grandes decisões estratégicas. Ele aparece também em pequenas escolhas cotidianas: o uso da IA para adaptar uma aula a um aluno com dislexia; o apoio de algoritmos na construção de políticas públicas mais justas; a curadoria digital que recomenda, sim, um produto — mas também sugere um artigo, um poema, uma memória.

Segundo Fei-Fei Li, cientista da computação e referência global em IA humanizada, ser humano, no século da inteligência artificial, será menos sobre competir com máquinas e mais sobre lembrar o que as máquinas ainda não sabem sonhar. Essa nova centralidade do humano não é um retorno nostálgico ao passado, mas um salto evolutivo em direção à complexidade, à colaboração simbiótica e à consciência expandida. O que nos torna mais humanos não é resistir à IA, mas usá-la para aprofundar nosso olhar sobre nós mesmos e sobre o mundo que estamos cocriando.

A genuína criatividade como diferencial humano na era da IA

A criatividade sempre foi um dos pilares da experiência humana. Por séculos, foi ela que impulsionou a arte, a ciência, os sistemas econômicos e as formas de organização social. Mas agora, diante de inteligências artificiais que geram imagens, compõem músicas, escrevem textos e até propõem hipóteses científicas, surge uma inquietação legítima: o que resta da criatividade humana quando algoritmos também criam?

A resposta, ao contrário do que alguns temem, não é a perda do protagonismo criativo humano, mas sua reconfiguração. Quando a IA entra na equação, a criatividade humana é convidada a atuar de forma mais elevada: não mais apenas na produção do novo, mas na curadoria do que é significativo.

Em outras palavras, não basta que algo seja inédito — é preciso que tenha relevância. E essa distinção continua sendo profundamente humana. A IA pode gerar mil variações de uma pintura ou proposta, mas quem decide qual delas comunica algo essencial, ressoa com o tempo e inspira ação... ainda somos nós.

Esse novo papel do humano criativo é, em si, uma forma de inteligência combinada. O algoritmo amplia as possibilidades, sugere caminhos, revela padrões ocultos. O humano, por sua vez, escolhe com base em história, intenção, contexto e valor simbólico. O Valor Cognitivo Combinado (V^{CC}) se expressa aqui com clareza: um processo de criação que não é isolado, mas construído em camadas — com contribuições técnicas e afetivas, lógicas e poéticas.

Na indústria do design, isso já está acontecendo. Estúdios e agências trabalham com ferramentas generativas que criam centenas de variações de logotipos, paletas de cores e identidades visuais. Mas o momento decisivo continua sendo humano: a escolha do que comunica, do que representa, do que carrega uma história. Essa curadoria é feita com base em fatores que extrapolam dados — envolve empatia, visão, timing cultural.

No campo da educação, vemos o mesmo movimento. Plataformas de IA oferecem sequências de exercícios, adaptações curriculares, trilhas personalizadas. Mas quem decide o melhor momento de acolher um aluno, de propor um desafio, de interpretar um silêncio em sala de aula, ainda é o educador. O que muda é que agora ele conta com um parceiro cognitivo que o apoia, não o substitui.

Esse tipo de criatividade combinada está diretamente relacionado ao crescimento do Produto Interno Cognitivo (PIC) de uma sociedade. Quando humanos e IAs cocriam — e não apenas coexistem — há um salto qualitativo na produção de valor simbólico. E isso não se limita às indústrias criativas: aparece em políticas públicas, em novos modelos de negócio, na resolução colaborativa de problemas complexos.

Um estudo recente do *World Economic Forum* destacou que as competências consideradas mais importantes para os próximos anos incluem criatividade e pensamento crítico — dimensões profundamente humanas, e que não desaparecem com a chegada da IA. Pelo contrário: tornam-se mais valiosas justamente porque a IA nos libera das tarefas repetitivas e nos desafia a operar no plano do sentido.

Em vez de competir com a IA, os profissionais do futuro serão aqueles capazes de potencializar a criação através dela. A metáfora não é de substituição, mas de orquestra: a IA como instrumento, o humano como maestro. E quanto mais sofisticado for o instrumento, mais exigente será o maestro em sua sensibilidade e intencionalidade.

Essa simbiose entre criação técnica e curadoria simbólica será cada vez mais o diferencial de organizações inovadoras, setores públicos conscientes e ecossistemas educativos vibrantes. O ICC de uma instituição, nesse cenário, pode ser diretamente afetado por sua capacidade de cultivar esse tipo de criatividade: quantas decisões são feitas com base em aprendizado coletivo? Quantas ideias surgem da interação entre humanos e sistemas inteligentes?

Ser criativo na era da IA, portanto, não é apenas inventar. É escutar. É conectar. É traduzir padrões em possibilidades, e possibilidades em propósito. Em tempos de abundância de informação e escassez de sentido, esse será o verdadeiro campo de atuação do humano.

Como cultivar a sabedoria em tempos de superinteligência

Há uma diferença essencial entre informação, inteligência e sabedoria. Informação é dado bruto. Inteligência é quando entendemos os dados através de padrões, inferências e hipóteses. Sabedoria, por sua vez, é a capacidade de agir com discernimento e propósito mesmo diante da incerteza.

E à medida que a inteligência artificial expande exponencialmente nossa capacidade de processar informação de forma inteligência, a pergunta mais urgente se impõe: quem, afinal, está cultivando a sabedoria?

O risco não está na IA ser "inteligente demais", mas no humano abrir mão de sua responsabilidade de interpretar, escolher e sustentar decisões que respeitem os ciclos da vida, os limites do planeta e a dignidade das relações. A tecnologia pode indicar caminhos, mas ela não resolve dilemas. Um modelo pode prever desfechos prováveis, mas não escolhe entre o que é justo, o que é possível e o que é desejável.

É aqui que a sabedoria se revela como o diferencial mais raro — e mais necessário — da inteligência combinada. Ao combinar a velocidade da máquina com a profundidade do humano, temos uma chance inédita de agir com lucidez em escala. Mas isso exige que o humano retome seu papel de curador de valores e sentidos, e não apenas de executor ou validador da IA.

Essa abordagem pode ser vista no setor de impacto social. Fundos de investimento que atuam com métricas ESG (ambientais, sociais e de governança) vêm experimentando o uso de IA para mapear riscos, identificar oportunidades e medir externalidades. No entanto, os melhores resultados emergem quando essas análises são interpretadas por comitês diversos, compostos por especialistas, lideranças comunitárias e representantes de minorias.

O que está em jogo não é apenas retorno financeiro — mas a qualidade das consequências que aquele capital produz no mundo. A sabedoria, nesse caso, é o que evita decisões automáticas com impacto destrutivo.

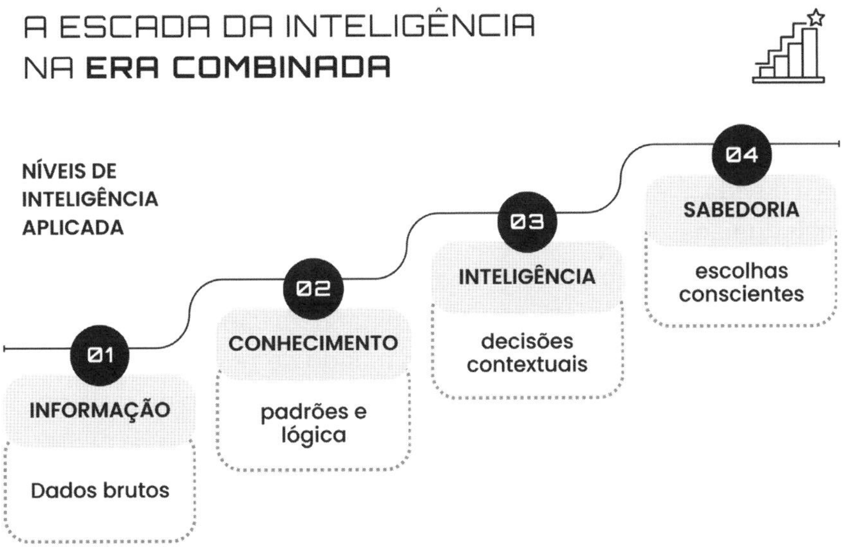

No contexto do Produto Interno Cognitivo (PIC), a sabedoria coletiva é um indicativo de maturidade sistêmica. Sociedades com PIC elevado não apenas compartilham mais conhecimento, mas refletem sobre ele com profundidade. Produzem interpretações plurais, questionam premissas, evoluem com base na experiência compartilhada. O PIC, nesses casos, é uma manifestação da capacidade de aprender com o tempo, com os erros, com os outros.

O Valor Cognitivo Combinado (V^{CC}) também depende da sabedoria. Uma IA generativa pode produzir relatórios brilhantes em segundos — mas o valor real só se manifesta quando um humano os lê com senso crítico, associa com intuições, faz conexões invisíveis ao modelo. Essa camada de análise simbólica e estratégica é o que diferencia organizações guiadas por IA das que simplesmente usam IA.

E quando olhamos para o Índice de Cognição Corporativa (ICC), a sabedoria aparece como um dos elementos mais difíceis de capturar, mas de alto valor estruturalmente implícito. Empresas com ICC elevado não são apenas eficientes: são reflexivas, éticas, abertas à escuta e ao aprendizado profundo. Incorporam visões longas, respeitam diferentes temporalidades e não tomam decisões impulsivas guiadas apenas por métricas de curto prazo.

A inteligência que nos torna mais humanos é, em última instância, aquela que não se apressa em resolver, mas se demora em compreender. Que reconhece a complexidade, valoriza o silêncio, honra a dúvida. É esse tipo de inteligência que pode sustentar decisões mais humanas — mesmo em tempos de máquinas ultraeficientes.

Por isso, mais do que treinar a IA para ser mais parecida conosco, talvez o maior desafio seja nos treinar para não nos esquecermos do que nos torna humanos. Em um mundo de respostas imediatas, lembrar o valor das perguntas lentas pode ser um ato de resistência — e de reinvenção.

O humano como propósito para o uso da inteligência combinada

Ao longo deste capítulo, percorremos os caminhos que transformam a inteligência artificial em oportunidade de expansão — não de substituição — da inteligência humana. E vimos que, no centro dessa transformação, não está a tecnologia em si, mas a maneira como ela é integrada à cultura, ao contexto, ao cuidado e à consciência.

Na Economia Guiada por IA, a centralidade humana não é um mantra repetido por apego ao passado. Ela é uma escolha estratégica, ética e evolutiva. Escolher manter o humano no centro não significa desprezar o poder das máquinas, mas reconhecer que só há sentido nesse poder quando ele serve à vida, à aprendizagem, à justiça, ao bem comum.

É por isso que conceitos como Produto Interno Cognitivo (PIC), Valor Cognitivo Combinado (V^{cc}) e Índice de Cognição Corporativa (ICC) não são apenas novas métricas: são formas de repensar o que importa. Eles nos lembram que a verdadeira riqueza de uma sociedade está no modo como ela pensa, compartilha, decide e evolui junto. E nos desafiam a organizar nossas instituições — públicas e privadas — com base nessa nova infraestrutura cognitiva.

No fim das contas, a pergunta mais importante talvez seja: para que estamos usando tanta inteligência? Se a resposta for apenas eficiência cega, desempenho ou lucro sem consciência, sem visão de continuidade, o risco de perder o fio humano é real. Mas se a resposta for: para aprender melhor, viver com mais propósito, incluir mais vozes, cuidar mais profundamente, então estaremos cultivando o tipo de inteligência que, de fato, nos torna mais humanos.

Essa é, talvez, a virada mais importante: deixar de ver a IA como uma ferramenta que precisa ser domesticada e passar a encará-la como um parceiro que nos força a relembrar quem somos — e o que queremos nos tornar. É nesse espelho que vemos refletida a nossa capacidade de gerar sentido.

E é nesse ponto que a liderança — em governos, empresas, escolas, hospitais, redes sociais — passa a ser medida não pelo controle, mas pela capacidade de criar inteligência combinada. De gerar ambientes onde humanos e IAs possam aprender juntos. De permitir que o conhecimento técnico e o conhecimento sensível coexistam. De projetar futuros que não sejam apenas possíveis, mas desejáveis.

Convite final à prática

Ativando a inteligência combinada no seu ecossistema:

Passo 1 – Nomeie as formas de inteligência já presentes em sua organização.

Quais são as capacidades humanas que mais produzem valor? Quais decisões envolvem múltiplos saberes? Onde há potencial para conectar pessoas e tecnologias de forma mais significativa?

Passo 2 – Avalie onde a IA pode expandir, e não substituir.

Em vez de buscar automatizar tarefas isoladas, reflita: como a IA pode apoiar processos que envolvem interpretação, diálogo e curadoria simbólica?

Passo 3 – Estabeleça práticas para refletir sobre decisões automatizadas.

Reuniões de aprendizado, comitês éticos, auditorias participativas — quais formatos sua organização pode usar para garantir que a inteligência não seja apenas eficiente, mas sábia?

Passo 4 – Meça seu PIC e seu ICC com honestidade.

Quantas decisões são tomadas com base em inteligência combinada? Como você sabe disso? Quais rituais, métricas ou evidências podem sustentar essa análise?

Passo 5 – Eleve o V^{CC} nas interações cotidianas.

Crie espaços onde humanos e IAs interajam com propósito — não apenas para produzir mais, mas para pensar melhor. Um bom lugar para começar: perguntas que só podem ser respondidas em conjunto.

Capítulo 17

CAPÍTULO 17

A reconstrução do futuro com novas inteligências

O futuro não será previsto — será construído

Falar de futuro, especialmente em tempos de aceleração tecnológica, costuma despertar duas reações opostas: o deslumbramento com as promessas e o medo das perdas. Robôs que curam doenças, algoritmos que escrevem códigos, IAs que respondem a perguntas antes mesmo de serem feitas.

De um lado, a utopia. Do outro, a distopia. Mas talvez seja hora de abandonar esse falso dilema — e assumir o protagonismo sobre a reconstrução do futuro com novas inteligências.

Porque o futuro não está escrito em chips ou gráficos exponenciais. Ele é, antes de tudo, uma construção coletiva, simbólica, cultural e ética. E o que a IA faz — com sua impressionante capacidade de processar, aprender e simular — é apenas expandir o leque de possibilidades. A escolha de qual caminho seguir continua profundamente humana.

É por isso que o papel das novas inteligências não deve ser o de determinar o que virá, mas de nos ajudar a imaginar melhor e agir com mais coragem. O risco não é a IA ser mais inteligente do que os humanos — mas os humanos abrirem mão da imaginação, do discernimento e do desejo de participar da construção do que está por vir.

Essa reconstrução não é apenas tecnológica. Ela é política, econômica, educacional, afetiva. E exige novas perguntas:

- Como reorganizamos o valor em uma economia onde trabalho e inteligência não são mais sinônimos de esforço manual?
- Que tipo de instituições são capazes de operar com flexibilidade, integridade e criatividade em um mundo guiado por IA?
- Como educar para o discernimento e não apenas para a técnica?
- E, sobretudo: que tipo de humanidade queremos preservar neste processo?

Essas perguntas são o ponto de partida de uma nova era — não a era da automação, mas a era da coevolução. A inteligência artificial, por mais avançada que se torne, jamais será neutra. Cada modelo, cada dado, cada decisão automatizada carrega intenções humanas — explícitas ou não. E isso torna a governança da IA não apenas um tema técnico, mas uma questão de justiça e imaginação.

Em alguns lugares do mundo, esse novo modelo já começa a ser desenhado. O Japão, por exemplo, aposta na ideia de "Sociedade 5.0", em que a tecnologia não substitui humanos, mas expande suas capacidades para lidar com problemas complexos — como envelhecimento populacional, mudanças climáticas e inclusão social. Essa visão inspira um uso da IA não como ferramenta de produtividade apenas, mas como plataforma de conexão e convivência.

> ***"O futuro não é um lugar para onde estamos indo, é algo que estamos criando. Os caminhos não são encontrados, são feitos."***
>
> JOHN SCHAAR

Essa visão exige um novo compromisso: reconhecer que o destino da IA não está nas mãos de quem a programa, mas de quem a orienta com propósito. E isso implica abrir o debate, democratizar o acesso ao entendimento e posicionar o ser humano como coautor do que virá — não como passageiro de um trem desgovernado.

Esse é o espírito que atravessa todo este livro: a ideia de que podemos e devemos usar a inteligência artificial como uma extensão da inteligência humana — e não como seu substituto. Que podemos criar um Produto Interno Cognitivo (PIC) elevado, um Valor Cognitivo Combinado (V^{CC}) potente, e um Índice de Cognição Corporativa (ICC) capaz de sustentar organizações criativas e conscientes.

Reconstruir o futuro não é tarefa de especialistas. É tarefa de todos. E isso exige mais do que códigos ou plataformas: exige intenção, escuta, memória, colaboração. Exige a sabedoria de integrar dados e histórias. Exige a coragem de imaginar futuros mais justos — e a organização para realizá-los.

Uma nova visão sobre ética para o design do futuro

Reconstruir o futuro com novas inteligências exige mais do que visão tecnológica ou capacidade operacional. Exige uma ética do projeto — uma orientação que sustente as decisões sobre o que será automatizado, delegado, amplificado ou protegido. E essa ética não é um conjunto fixo de regras, mas um processo contínuo de escuta, revisão e responsabilização coletiva.

Durante muito tempo, as tecnologias foram desenvolvidas com base em um princípio silencioso: o que é possível fazer, deve ser feito. Mas quando lidamos com sistemas capazes de influenciar o comportamento humano em massa, de tomar decisões que afetam vidas e de aprender com os dados que produzimos a cada segundo, a pergunta muda radicalmente:

Devemos fazer tudo o que podemos? E para quem isso realmente importa?

Essa mudança de lógica está no cerne da reconstrução orientada pela inteligência combinada. Em vez de apenas otimizar processos, trata-se de deliberar conscientemente sobre consequências. O avanço da IA exige que instituições e lideranças se posicionem não apenas como adotantes de tecnologia, mas como curadoras do futuro — responsáveis por moldar os caminhos que essas tecnologias irão percorrer.

O Valor Cognitivo Combinado (V^{cc}), nesse sentido, passa a incluir uma dimensão ética: o valor está não apenas no que é produzido, mas no como, no porquê e para quem. O PIC, por sua vez, incorpora essa capacidade de discernimento coletivo como um dos ativos mais escassos — e mais transformadores.

Foi o que motivou o Parlamento Europeu, por exemplo, a propor uma regulação baseada em níveis de risco da IA, estabelecendo zonas proibidas, áreas críticas e usos aceitáveis com critérios transparentes. O objetivo não é frear a inovação, mas garantir que ela ocorra com responsabilidade e diversidade de vozes. A reconstrução do futuro não se dará em laboratórios isolados — e sim em arenas públicas, onde técnica e ética se encontram.

A BALANÇA DA **ÉTICA COMBINADA**

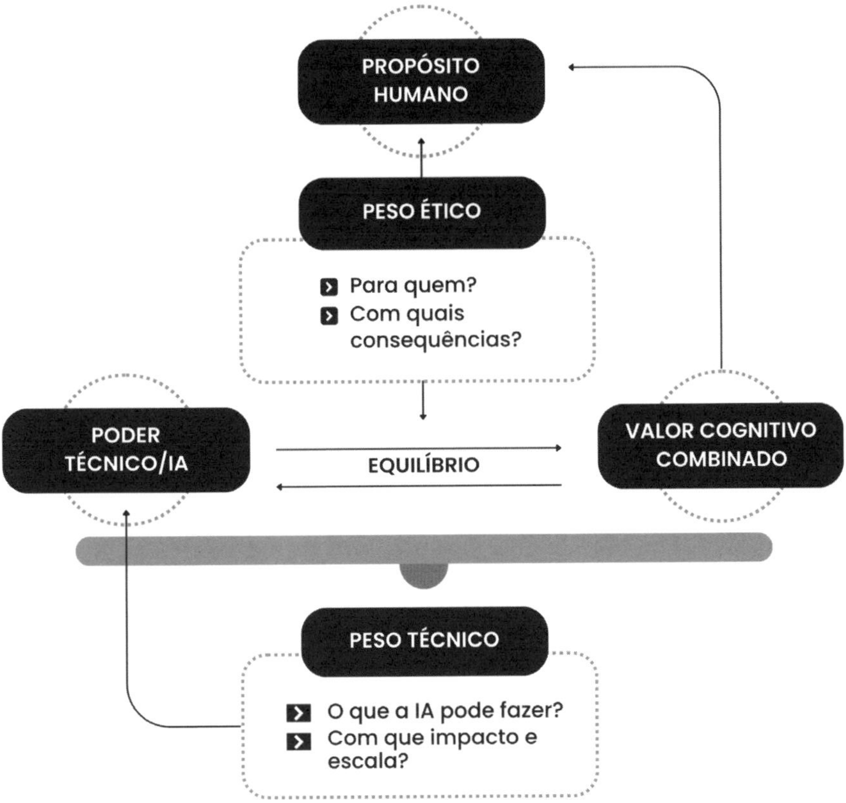

Este modelo representa visualmente o princípio da balança ética: de um lado, o poder técnico da IA; de outro, o propósito humano. O equilíbrio entre esses pesos gera o Valor Cognitivo Combinado (V^{CC}), resultado da decisão consciente de combinar capacidade com responsabilidade.

Essa ética combinada é uma das expressões mais avançadas do Índice de Cognição Corporativa (ICC). Organizações que possuem um ICC elevado não apenas implementam IA — elas a integram a valores claros, transparência operacional e accountability pública. E isso exige novos papéis: conselhos de ética algorítmica, mecanismos de escuta contínua e práticas que articulem performance com significado.

> ***"O futuro que vale a pena ser construído é aquele que unifica intenção humana e inteligência artificial em decisões que elevam a vida."***

Essa frase resume bem a virada que este livro propõe. Inteligência combinada não é sobre fazer tudo mais rápido, mas sobre decidir o que vale ser feito, e com quem. É sobre garantir que a tecnologia seja extensão da nossa humanidade — e não de nossos vieses inconscientes.

Do Produto Interno Bruto ao Produto Interno Cognitivo

Ao longo da história, as civilizações prosperaram não apenas por preverem o futuro, mas por imaginarem futuros possíveis — e ousarem construir aquilo que ainda não existia. Foi assim com a invenção da imprensa, com a criação do sistema educacional público, com os primeiros experimentos democráticos. Cada avanço foi precedido por uma hipótese cultural sobre o que a humanidade poderia se tornar.

Hoje, estamos diante de um novo limiar. A inteligência artificial nos dá mais capacidade do que nunca de prever cenários, detectar padrões, simular comportamentos. Mas o futuro mais desejável não será aquele mais previsível — será aquele a ser imaginado com inteligência combinada e coragem para romper com antigos paradigmas.

Isso nos leva a um reposicionamento radical do que entendemos por planejamento estratégico, política pública ou inovação organizacional. Não se trata mais apenas de minimizar riscos ou maximizar retornos, mas de nutrir a imaginação como infraestrutura estratégica. E essa imaginação não é uma fantasia criativa solta: é fundamentada por dados, expandida por narrativas e ativada por tecnologia.

Neste ponto, o Produto Interno Cognitivo (PIC) aparece como uma plataforma crucial. Um país, cidade ou empresa com alto PIC é capaz de absorver incerteza sem colapsar, porque não depende apenas de saber o que vai acontecer — depende da sua capacidade de interpretar, reagir e criar diante do inesperado.

Nessa configuração, o Valor Cognitivo Combinado (V^{CC}) se torna tangível: o valor gerado não está apenas em prever corretamente, mas em engajar inteligências múltiplas para imaginar e experimentar coletivamente. E, mais importante ainda, em fazer isso de forma constante — como prática, não como exceção.

Segundo Marina Gorbis, diretora executiva do Institute for the Future, o futuro pertence àqueles que podem ouvir os sussurros do possível e transformá-los em arquitetura do presente. Essa escuta do possível exige estruturas que acolham a incerteza — não como ameaça, mas como matéria-prima para a criação. E essa é uma das grandes promessas da IA quando guiada por intenção humana: ao filtrar ruídos, testar hipóteses e construir visualizações, ela expande a zona do imaginável.

Mas é preciso cuidar para que a IA não estreite essa zona, limitando nossas escolhas ao que já foi calculado ou historicamente observado. O risco de uma "imaginação preditiva" — que apenas reforça padrões — está sempre presente. E o antídoto está no fortalecimento de espaços, onde humanos e máquinas não apenas antecipam tendências, mas questionam trajetórias.

No fundo, imaginar o futuro é um exercício de coragem coletiva. E a inteligência combinada é o ambiente fértil para que essa coragem ganhe forma, argumento e ação.

Infraestruturas invisíveis que moldam futuros

Muitas vezes, quando se pensa em infraestrutura, a imagem que vem à mente é a de estradas, redes elétricas, hospitais, satélites. Mas talvez a forma mais poderosa de infraestrutura — e a menos percebida — seja aquela que estrutura como pensamos. A forma como uma sociedade raciocina, toma decisões, define prioridades e resolve dilemas é tão estrutural quanto um sistema de transportes.

Essa ideia nos leva ao centro do que este livro propõe: construir infraestruturas cognitivas como alicerce de uma nova economia. E essas infraestruturas não são invisíveis porque não existem — são invisíveis porque ainda não aprendemos a nomeá-las e medi-las.

O Produto Interno Cognitivo (PIC) oferece esse novo mapa. Ele revela quanto de nossa capacidade produtiva está ancorada na inteligência combinada distribuída — e não apenas em capital ou volume de trabalho. Da mesma forma, o Índice de Cognição Corporativa (ICC) nos ajuda a diagnosticar como as organizações aprendem, se adaptam e evoluem de forma intencional.

E o Valor Cognitivo Combinado (V^{CC}) integra os dois: ele é o resultado real da sinergia entre seres humanos e sistemas inteligentes, manifestado em decisões melhores, ambientes mais criativos, instituições mais resilientes e sociedades mais justas.

Hoje, o que muitas cidades e empresas carecem não é de mais dados ou recursos, mas de sistemas de pensamento coletivo confiáveis. Lugares onde a IA não serve apenas para acelerar processos, mas para nutrir uma cultura de interpretação, escuta e aprendizagem contínua.

ARQUITETURA DE UMA **INFRAESTRUTURA COGNITIVA**

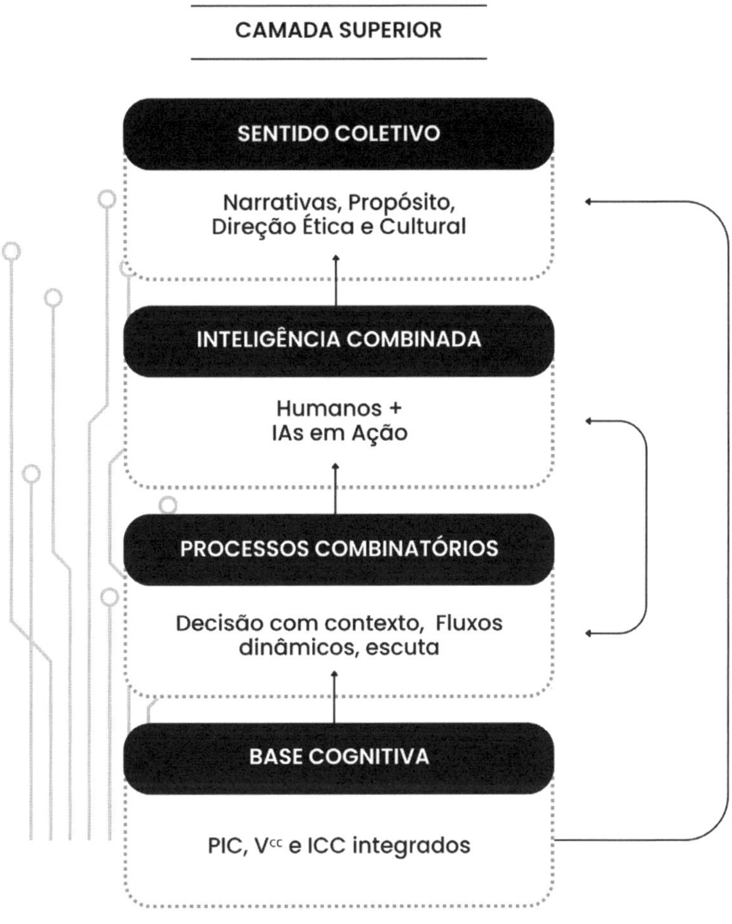

Esse modelo mostra que a reconstrução do futuro não será feita apenas com hardware, cloud e chips — mas com mecanismos operacionais e políticas claras que permitam que a IA ajude a gerar sentido, e não ruído. Que ampliem o alcance das decisões humanas, sem apagar o critério que torna essas decisões legítimas.

Isso é especialmente verdadeiro em democracias e instituições públicas, onde o tempo de resposta precisa ser compatível com a escuta plural. Uma IA pode ajudar a sintetizar opiniões, traduzir informações e antecipar demandas, mas ela precisa operar dentro de sistemas que valorizem participação, cuidado e justiça.

Em última instância, uma infraestrutura cognitiva sólida é aquela que fortalece a capacidade de uma sociedade lidar com o novo sem colapsar em medo ou paralisia. Que transforma incerteza em aprendizado. Que gera futuros não a partir de respostas prontas, mas de perguntas bem feitas.

O futuro guiado por IA é também guiado por humanos

Não é a IA que determinará o futuro. São as escolhas humanas diante dela. E essas escolhas não se limitam ao que será automatizado ou mantido manual, ao que será substituído ou preservado. Elas envolvem como vamos estruturar o valor, a aprendizagem e o trabalho em um mundo em que pensar não é mais uma exclusividade biológica.

O que este capítulo consolidou — e o que o livro como um todo apresentou — é que estamos entrando em uma nova era econômica, onde os sistemas produtivos são profundamente atravessados por processos cognitivos compartilhados. Organizações, governos e sociedades que entenderem isso sairão na frente.

O Produto Interno Cognitivo (PIC) nos mostrou que a riqueza de uma sociedade está cada vez mais relacionada à sua capacidade de produzir conhecimento, transformar informação em ação estratégica, e gerar decisões com sentido. O Valor Cognitivo Combinado (V^{cc}), por sua vez, deixou claro que o diferencial não está na presença isolada da tecnologia ou do talento humano, mas na relação de complementaridade real entre ambos. E o Índice de Cognição Corporativa (ICC) tornou tangível o desafio de diagnosticar, nutrir e escalar essa capacidade em contextos organizacionais concretos.

A reconstrução do futuro, portanto, é uma tarefa de engenharia estratégica. Envolve redesenhar instituições, treinar profissionais, ajustar modelos de gestão, criar novas métricas e, acima de tudo, investir em ambientes onde a inteligência possa emergir e ser aplicada. Ambientes onde humanos e IAs compartilham tarefas, sim — mas também compartilham critérios, metas e horizonte.

A IA não será a salvadora da humanidade, nem sua rival. Ela será o que fizermos dela. E fazer da IA um vetor de reconstrução exige governança, ética, interoperabilidade e escala. Mas exige, acima de tudo, clareza sobre o que queremos preservar, transformar e expandir.

O que está em jogo não é apenas o futuro da tecnologia, mas o futuro das instituições, das profissões, das relações econômicas e da governança global. Isso é o que torna o momento histórico que vivemos tão denso e, ao mesmo tempo, tão decisivo.

Reconstruir o futuro com novas inteligências não é sobre pensar diferente apenas. É sobre pensar melhor — com mais dados, mais empatia, mais visão sistêmica e mais responsabilidade. E isso não se fará com slogans, mas com projetos. Com estruturas. Com métodos. Com escolhas.

Conclusão

Conclusão

O mundo passou a pensar com máquinas — e agora?

A inteligência artificial já se tornou parte das engrenagens que movem as decisões empresariais, a formulação de políticas públicas e a dinâmica dos mercados. Ela não é mais promessa nem tendência: é infraestrutura cognitiva ativa. O que antes era percebido como ferramenta auxiliar agora se insere diretamente nos processos que definem como o valor é criado, distribuído e percebido em nossa sociedade.

Neste cenário, uma constatação emerge com nitidez: o valor econômico está cada vez mais associado à capacidade de combinar inteligências — humanas e artificiais — de forma consciente, ética e produtiva. É esse processo que este livro descreve como Economia Guiada por IA: um modelo no qual a inteligência distribuída torna-se o principal diferencial competitivo, social e institucional.

Essa economia exige que as organizações deixem de funcionar como estruturas fechadas e hierarquizadas, e passem a operar como sistemas cognitivos organizacionais (SCO), onde dados, interpretações, contextos e decisões fluem entre cérebros — humanos e sintéticos — com coordenação e propósito. Não se trata de automatizar mais, mas de pensar melhor com mais agentes, mais pontos de vista, mais velocidade e mais discernimento.

Ao longo dos capítulos, o livro demonstrou que o Produto Interno Cognitivo (PIC) pode e deve ser utilizado como métrica estratégica para medir essa capacidade real de geração de valor inteligente. O PIC complementa o PIB ao revelar não apenas o quanto se produz, mas o quanto se aprende, se decide bem, se interpreta com contexto. Ele captura a densidade de cognição produtiva que sustenta a riqueza de uma organização ou de um país.

Da mesma forma, o Valor Cognitivo Combinado (V^{cc}) se firmou como conceito central: ele descreve o resultado da interação entre pessoas e inteligências artificiais quando essas relações são mediadas por cultura, contexto e propósito. O valor não está nos dados, nem no código, nem na intuição isolada. Ele está na orquestração das inteligências. Quando isso acontece, surge um valor que não é apenas econômico — é estratégico, institucional e humano.

Por fim, o Índice de Cognição Corporativa (ICC) mostrou-se uma ferramenta pragmática para diagnosticar e acompanhar a maturidade cognitiva de equipes, empresas e ecossistemas. Com ele, torna-se possível observar o grau de adaptabilidade, aprendizagem e intencionalidade nas decisões organizacionais.

Esses três conceitos — PIC, V^{cc} e ICC — não são abstratos. São instrumentos operacionais para repensar as fundações do crescimento, da competitividade e da inovação. Eles transformam a inteligência em valor tangível. E, mais importante, em critério de liderança.

Chegamos, portanto, a uma pergunta que não é apenas tecnológica, mas estratégica: quem vai liderar essa nova fase do valor? Não liderar no sentido de dominar algoritmos, mas de organizar inteligências. Conectar cérebros. Estruturar decisões que respeitam tanto os dados quanto o discernimento. Esse é o novo desafio de lideranças públicas, privadas e institucionais.

Da leitura à liderança: ativando os conceitos nas pessoas

O conhecimento só transforma realidades quando é ativado com intenção e método. Por isso, a Economia Guiada por IA não deve ser entendida apenas como um novo campo teórico, mas como uma agenda de ação concreta que pode ser aplicada em diferentes domínios.

Empresas que adotarem o PIC como indicador complementar ao PIB, por exemplo, passam a observar não apenas o volume de resultados, mas a qualidade da inteligência gerada por seus processos. Isso permite redesenhar metas, estratégias de inovação e políticas de formação com base no valor do aprendizado organizacional contínuo.

Ao mesmo tempo, gestores públicos que aplicarem o Valor Cognitivo Combinado (V^{cc}) como critério para investimentos em tecnologia terão um filtro claro para decidir quais soluções de IA ampliam de fato a inteligência coletiva e o impacto social. O V^{cc} orienta a priorização de projetos que promovem equidade, engajamento e inteligência aplicada à complexidade real dos territórios.

E educadores ou líderes institucionais que adotarem o Índice de Cognição Corporativa (ICC) como régua interna de maturidade poderão diagnosticar lacunas não visíveis apenas com métricas tradicionais: ausência de contexto nas decisões, fragilidade nos fluxos de interpretação, sobrecarga de análise sem clareza de ação. O ICC ajuda a ver onde o pensamento está estagnado — e onde pode ser ativado.

Essa aplicação multissetorial reforça uma ideia central deste livro: a inteligência combinada não é apenas uma proposta — é uma infraestrutura de transformação. Ela pode ser incorporada por um país, por uma escola, por uma startup ou por um conselho de administração. O que muda é a escala e a intenção.

> ***"Organizar inteligência é a principal competência estratégica do século XXI. Não basta ter IA — é preciso saber o que fazer com ela."***

A aplicação desses conceitos começa por um gesto simples: decidir que inteligência será tratada como prioridade. Não apenas a inteligência computacional, mas a humana, a coletiva, a institucional. Essa decisão implica rever indicadores, estruturas de governança, critérios de investimento e culturas organizacionais.

Trata-se de criar ambientes onde humanos e IAs evoluem juntos — não por convivência forçada, mas por design estratégico. Onde o propósito das organizações se alinha com a capacidade de pensar e agir com mais discernimento. Onde inovação deixa de ser apenas velocidade, e passa a ser também profundidade.

Um futuro que pensa com máquinas, mas decide com inteligência combinada

Chegamos ao fim desta jornada — mas não ao fim da transformação. O que foi apresentado aqui não é um fechamento, mas uma abertura. Uma abertura para um novo modo de pensar o valor, de estruturar a ação econômica e de reconhecer o papel insubstituível dos humanos em um mundo que pensa com máquinas.

A inteligência artificial seguirá se expandindo. Novos modelos surgirão. Mais velozes, mais potentes, mais acessíveis. Mas a verdadeira transformação será guiada por uma pergunta mais profunda: como queremos usar essa inteligência? Para reproduzir padrões obsoletos ou para construir algo verdadeiramente novo, relevante e humano?

As escolhas que fizermos agora definirão o que chamaremos de progresso nas próximas décadas. E essas escolhas não serão técnicas. Serão estratégicas. Éticas. Culturais. Serão decisões sobre onde alocar atenção, qual futuro alimentar e qual inteligência priorizar.

A Economia Guiada por IA propõe exatamente isso: reconhecer que o valor não está apenas no que produzimos, mas em como pensamos. E, sobretudo, em como pensamos juntos.

Ao longo deste livro, três conceitos nos acompanharam como bússolas:

- **O Produto Interno Cognitivo (PIC)**, que revela o quanto nossas organizações e sociedades são capazes de aprender com intenção e produzir valor com discernimento.
- **O Valor Cognitivo Combinado (V^{cc})**, que explicita o impacto das interações entre humanos e inteligências artificiais na qualidade das decisões e na relevância dos resultados.
- **O Índice de Cognição Corporativa (ICC)**, que nos ajuda a diagnosticar como nossas estruturas pensam, reagem e evoluem.

Esses conceitos não pertencem ao campo das abstrações. Eles pertencem à estratégia, à liderança, à governança e ao futuro. E o convite que fica é simples, mas profundo: que inteligência você vai escolher cultivar a partir de agora?

> **"Ser guiado por IA não é sobre usar a tecnologia mais avançada, mas em saber como evoluir com ela."**

Este livro termina, mas a transformação continua — em cada decisão que organiza inteligência, em cada liderança que combina capacidades humanas e sintéticas com propósito, em cada sistema que aprende a pensar melhor para servir melhor.

A economia seguirá se movendo. A diferença é que agora temos as ferramentas para guiá-la com uma nova consciência — ampliada por máquinas. E isso, talvez, seja a forma mais nobre de exercer nossa humanidade.

Convite final: Ative o Sistema Cognitivo da Sua Organização

Uma teoria só ganha potência real quando encontra chão para ser testada. Quando deixa o campo das ideias e se transforma em prática viva — feita de erros, ajustes e descobertas. E é nesse ponto que a Humana AI se torna o reflexo deste livro.

Quando fundei a Humana AI minha intenção foi criar uma plataforma que fosse um experimento contínuo de como aplicar inteligência artificial para expandir a capacidade de aprendizagem e o valor cognitivo coletivo. Ela não surgiu para substituir pessoas por IAs, mas para ajudar equipes e instituições a pensarem melhor, aprenderem mais rápido e decidirem com mais clareza.

Mais do que uma empresa, ela se tornou um laboratório da tese deste livro — um sistema onde as ideias são prototipadas, observadas, tensionadas. Um lugar onde os conceitos deixam de ser abstrações e se tornam estrutura, código, interface, contrato, aplicações.

A Humana AI é uma coautora da inteligência organizacional supervisionada por quem sente, interpreta e decide: o humano.

O Sistema Cognitivo Organizacional da Humana AI não depende de um único modelo ou fornecedor. Seguimos o princípio de "Bring Your Own AI" (BYOAI) — permitindo que cada organização escolha, conecte e orquestre o(s) modelo(s) de linguagem que melhor refletem sua estratégia, segurança, idioma e domínio técnico.

O foco não está no modelo de IA em si, mas na inteligência que emerge da combinação entre dados vivos, contexto simbólico e curadoria humana. A Humana AI torna-se, assim, uma plataforma agnóstica e modular — onde o valor vem da orquestração interna, não da dependência externa.

Referir-se à Humana AI neste livro não tem objetivo de autopromoção. É uma afirmação de compromisso: as ideias aqui defendidas estão sendo colocadas em prática. Estão sendo testadas, revisadas, integradas. Estão encontrando obstáculos reais — e também gerando valor real.

Enquanto algumas empresas de tecnologia correm para criar agentes que substituem pessoas, nós estamos desenvolvendo outra abordagem: estruturas cognitivas que integram o melhor da IA com o melhor da decisão humana. Isso exige mais do que algoritmos. Exige curadoria, propósito, aprendizagem contínua. Exige cérebros funcionais, métricas de cognição, rituais de revisão simbólica e governança ética.

Por isso, criamos sistemas cognitivos para ativar a inteligência combinada escondida em cada organização. Se você também acredita que o futuro será construído por quem combina inteligências, não por quem as substitui, venha se juntar a nós.

Acesse agora a plataforma e ative o Sistema Cognitivo Organizacional (SCO) da sua empresa.

humana.ai

Agradecimentos

Este livro é também a expressão de um propósito coletivo: usar a inteligência artificial como caminho de transformação humana, ética e consciente. Por isso, agradeço profundamente ao time da Humana AI, que compartilha diariamente comigo o sonho de dar vida a todos os conceitos abordados aqui. Agradeço também aos meus alunos, por me ensinarem tanto e por me mostrarem, com seu próprio crescimento, que o futuro será guiado por quem tiver coragem de unir tecnologia e humanidade. Obrigado por fazerem parte disso.

Este livro foi impresso nas oficinas gráficas da Editora Vozes Ltda.,
Rua Frei Luís, 100 – Petrópolis, RJ.